미끄러지는

말들

미끄러지는 말들

말들

백승주 지음

**사회언어학자가
펼쳐 보이는
낯선 한국어의 세계**

타인의사유

우주선이 도착했다

우주선이 도착했다. 매끈한 타원형의 은빛 우주선이다. 넓은 초원 지역에 크롭 서클을 그리며 사뿐히 내려앉았으면 꽤나 목가적인 풍경이었을 텐데, 이 우주선들은 세계의 대도시, 그것도 각국 지도자들 집 약 1미터 위에 두둥실 떠 있다. 지구 종말을 경고하는 뉴스를 보고 있을 때, 내 연구실 문을 박차고 검은 정장을 입은 이들이 들이닥친다.

선생님 미안하지만 함께 가 주셔야겠습니다. 아니 왜 저죠? 선생님께서는 외계인들의 언어를 연구해서 그들과 소통해야 합니다. 그러니까 왜 저냐고요? 이 세상에 언어학자가 10000명쯤 있고 그 사람들을 똑똑한 순으로 줄을 세운다면 저는 9999번째로 서서 저보다 잘난 언어학자들의 뒤통수를 바라보고 있어야 한다고요! 아니, 제가 외국인들을 가르쳤지 외계인을 가르친 게 아니잖아요? 외국인이든 외계인이든 인류의 운명이 선생님한테 달렸습니다. 협조해 주시죠.

아시는 분들은 아시겠지만 이 이야기는 소설가 테드 창의 작품을 바탕으로 만든 영화 〈컨택트〉의 내용을 패러디한 것이다. 농담이지만, 혹 누가 알겠는가? 어떤 평행 우주에서는 이런 일이 정말로 일어나고 있을지. 그 우주에서는 어떤 명민하지 못한 언어학자에게 외계인과 소통하라는 임무가 주어지고, 그는 인류의 운명을 냉면과 함께 시원하게 말아먹는다. 끝.

이렇게 글을 끝낼 수는 없으니까 이제 나는 평행 우주의 외계인이 처음으로 지구인들과 접촉하는 순간들을 상상해 본다. 그 순간들은 이내 수많은 물음표로 채워질 것이다. 그런데, 이런 물음들은 외계인들만 던질 수 있는 것인가? 생각해 보면 나또한 궁금한 게 한가득이다.

그런 질문 중 하나는 바로 이런 것이다. 왜 지역방언은 TV나 영화에서 개그의 언어나 폭력의 언어로 소비되는가? 외계인의 관점에서 생각해 보자. 지방에 착륙해 정착한 외계인들이 TV를 본다면 방송에 지역방언 사용자가 나오지 않는 것을 의아해할 것이다. 물론 가끔 지역방언 사용자가 나올 때도 있다. 하지만 그들은 어김없이 '웃기는' 역할로 등장한다. 시청자들도 '이미' 웃을 준비가 되어 있다. 그러나 '시골' 외계인들에게 지역방언은 진지한 소통의 도구이지 '웃기는 말'이 아니다. 외계인들은 머리를 싸맬 것이다. '이건 어떻게 된 거지?'

우리는 한국어가 단일하고 균질한 것이며, 한국 사회 구성원 모두가 동일한 장면에서 동일한 말을 사용한다고(혹은 사용해야 한다고) 믿는다. 그 믿음은 실제 우리가 사용하는 언어를 지우고 그 자리에 '국어'라는 거대한 이름을 채워 넣음으로써 완성된다.

TV나 신문과 같은 매체는 그 믿음을 확인하고 공고히 하는 성소이다. 이런 성소에서 지역방언을 사용한다는 것은 불경한 행위이다. 그러나 웃음은 이러한 불경죄를 무마시킨다. 즉 웃음은 스스로를 광대로 만듦으로써 '국어'라는 체제에 아무런 해가 되지 않음을 증명하는 전략이다. 반대로 지역방언을 폭력과 연결시키는 것은 지역방언을 통제되지 않는 존재, 즉 국어라는 체제 밖의 존재로 치부해 버리기 위함이다. 어느 쪽이든 국어의 영토 안에서 지역방언은 시민권이 없는 원주민, 불법체류자가 아닌 불법체류자다.

이처럼 우리는 자신이 실제 사용하는 언어를 부정한다. 그러면서도 이를 인지하지조차 못한다. 외계인들 입장에서는 사뭇 생경하게 느껴질 풍경이다. 그러니까 이 글을 통해서 내가 하려는 일은 이런 것이다. 외계인의 눈으로 사회와 언어, 삶의 얽히고설킨 관계를 들여다보는 것. 당연하다는 듯 지나치는 그 '접촉의 순간'들을 정지 버튼을 누르고 살펴보는 것.

어쨌든 부디 다른 평행 우주에 있는 내가 여러분과 지구를 구할 수 있기를 빌어 본다. 그런데 우리들 사이에 숨어 있는 외계인이 한국어 초급 교재풍으로 이렇게 물어볼지도 모르겠다. "이게 책입니까?" 네. 책입니다.

차례

2. 지금, 여기
말들의
풍경

**폭력과 재난,
혐오와 차별의 현장에서**

3. 지금, 여기 배움의 풍경

한국어 교실에서는 한국어를 가르치지 않는다

4.

그 말은
'진짜'가 될 수
있나요?

언어와
그 너머의 것들

1.

말에는 본래 국가도 없고 국경도 없다.
국경을 그어 놓은들
말들은 수시로 국경을 넘는다.
말들은 결코 균질하지 않다.

낯선
한국어의 세계에
어서 오세요

: 표준어와 일상어를 대하는
우리들의 온도 차

혀의
연대기

고백할 게 하나 있다. 나에게는 혀가 있다. 아니 이게 무슨 고백할 일이냐고? 정확히 이야기하자. 놀라지 마시라. 나에게는 혀가 여러 개 있다. 거울 앞에 서서 혀를 내밀어 볼 테니 잘 보시라. 지금 보이는 혀는 나의 두 번째 혀이다. 낮은 목소리 톤으로 표준어를 구사하는 교양 있는 혀. 깨어 있는 대부분의 시간을 나는 이 혀와 함께한다. 국가가 공교육을 통해 만들어 주고 내가 먹고살기 위해 기꺼이 선택한 혀.

　나의 교양 있는 혀를 우아하게 접어 본다. 그 아래에는 또 다른 혀가 있다. 일명 영어 혀. 발음에 집착하지만 이 혀는 경직

되어 있고, 매우 얄팍하며, 무엇보다도 세월이 갈수록 점점 짧아지고 있다. 쓸모가 많다 하여 많은 돈을 들여 이 혀를 키워 봤지만 정작 필요할 때는 잘 나타나지 않는다.

그 혀 옆에는 새싹 크기의 독일어 혀가 있다. 이 혀가 할 수 있는 독일어는 이것뿐이다. '이히 하베 아이네 프라게Ich habe eine frage.' 질문 하나 있습니다. 이 혀는 질문 있다고 말해 놓고서는 정작 질문은 못 하는 그런 혀이다. 그 독일어 혀 옆에 그만큼 작은 일본어 혀가 있다. 이 혀가 할 줄 아는 말이라고는 '와까리마셍わかりません'밖에 없다. 독일어 혀가 말한다. 질문이 있어요. 일본어 혀가 대답한다. 저는 몰라요. 그리고 이 혀들 옆에 엉기성기 풀 줄기 몇 개를 모아 놓은 모양의 중국어 혀는 이렇게 이야기한다. '셤머什么?' 뭐라고?

이런 자잘한 혀들을 걷어 내 보자. 그 아래에는 앙상하게 말라 가는 나의 첫 번째 혀가 있다. 제주도 말을 하는 이 혀는 평소에 꽁꽁 숨겨져 있다가, 부모님과 통화할 때나 감정이 격앙되어 흥분했을 때 잠깐 고개를 내민다.

나에게 두 개의 혀, 아니 여러 개의 혀가 있음을 발견한 것은 서울의 한 커피숍에서였다. 입시를 치르기 위해 상경한 지 얼마 되지 않았을 때였다. 그 커피숍 안에서 누구를 만났는지, 무슨 얘기를 나눴는지는 전혀 기억나지 않지만, 나의 혀에 대해서만큼은 또렷이 생각난다. 나의 두 번째 혀는 서울 사람들의 어투와 억양을 징그러울 만치 그대로 모사하고 있었다. 사람들과의 이야기가 길어지고 머물고 있던 친척 집에 늦는다는 전화를 해야 하는 순간이 왔다. 커피숍 전화기 앞에서 나는 첫 번째 혀가 할 말 '승준디예, 좀 늦을 거 닮아마씀'과 두 번째 혀가 할 말 '승준데요, 좀 늦을 거 같아요' 사이에서 한참이나 고민했다.

저기 다른 혀를 사용하는 자가 있다! 누군가 나에게 이렇게 말할 것 같았다. 나는 서울 한복판에서 나의 '가짜' 정체가 발각될까 봐 전전긍긍했다. 첫 번째 혀를 사용하는 것이 내가 그 커피숍에 있을 자격이 없음을 증명하는 것처럼 느껴졌다. 지금이라면 당연히 첫 번째 혀를 사용할 것이다. 아니다. 지금도 나는 학계의 고향 선배가 제주 말로 말을 건네면, 정색을 하고 서울말로 답한다. 나의 무의식은 아직도 내 첫 번째 혀를 꺼내 놓는 것을 두려워한다. 첫 번째 혀로 목소리를 내면, 이 자리에서 추방될 것 같다는 두려움이 아직 내게는 남아 있다.

그 커피숍에서 내가 어떤 혀를 선택했는지는 잘 모르겠다. 다만 그 이후 나는 나와 다른 사람들의 '혀'에 대해 많은 질문을 던지게 되었다. 이를테면 이런 질문. 제주 사람들은 어떻게 타지로 가면 제주 말을 싹 버리고 그곳의 방언을 순식간에 익히는 것일까? 적어도 언어 사용의 측면에서 제주 사람들은 자신의 출신을 전혀 드러내지 않는다. 제주 지역 밖에서 제주 사람들은 자신의 첫 번째 혀를 철저히 숨긴다.

또 다른 질문. 강호동이나 김제동 같은 이처럼 경상도 사투리와 억양을 쓰는 방송 진행자들이 있는 한편, 전라도 사투리와 억양을 사용하는 진행자는 왜 없는 것일까? '머선 129'처럼 경상도 방언이 밈으로 만들어져서 젊은이들 사이에서 인기를 얻고, 심지어 경상 방언으로 유행가도 만들어지는 판에 왜 전라도 방언은 그런 지위를 얻지 못하는 것일까?

마지막 질문. 지방의 여성들은 왜 남성들보다 표준어를 더 빨리 익히고 더 잘 구사하는 것일까? 언어 능력이 남성들보다 뛰어나서? 반대로 지방의 남성들은 왜 자기들끼리 있을 때는 표준어 사용에 질색을 하고 비표준형인 사투리를 구사하는 것일까?

각기 다른 질문이지만, 사회언어학에서는 이들 질문에 대한 답을 '힘'에서 찾는다. 사회적으로 힘이 약한 집단 또는 개인은 힘이 센 언어의 위세를 빌려 와 자신의 약함을 벌충한다. 제주도 사람들이 김포공항에 내리자마자 제주 말을 버리고 서울 말을 사용한다는 것은, 제주 사람들이 한국 사회에서 상대적으로 매우 힘이 약한 집단에 속한다는 것을 보여 준다. 힘이 약한 집단에 속해 있으니, 지체할 것 없이 힘이 센 언어, 표준어의 위세를 가져와야 하는 것이다.

대중매체에서 경상도 방언 화자가 더 많이 노출되고, 전라도 방언 화자가 잘 보이지 않는 것도 같은 이유로 설명할 수 있다. 표준어가 가진 위세보다는 덜하지만, 한국 사회에서 경상도 방언과 그 화자 집단이 가진 위세는 다른 방언과 그 사용자들에 비할 바가 못 될 정도로 압도적이다. 자신이 속한 집단이 강한 힘을 가지고 있다면 자신의 목소리, 자신의 혀를 버릴 이유가 없다. 그러나 힘이 없다면, 자신의 본래 목소리를 숨기고 다른 혀를 찾는 것이 생존에 도움이 된다.

여성들이 남성들에 비해 표준어를 더 잘 구사하는 이유도 마찬가지의 관점에서 설명할 수 있다. 여성들의 사회적 지위가 높아졌다고? 여성들의 힘이 정말 남성을 위협할 정도로 세졌다면 표준어의 위세를 빌려 올 필요가 없었을 것이다. 이렇게 보면 여성들이 첫 번째 혀를 버리는 이유는 단순하다. 그들이 첫 번째 혀로 만들어 내는 목소리를 사회가 듣지 않기 때문이다. 그렇다면 남성들이 비표준형을 사용하는 이유는? 남성들 사이에서 같은 남자로서의 유대감은 최고의 가치이며, 비표준형의 사용은 이를 증명하기 위한 장치이기 때문이다.

만약, 여성이 비표준형을 사용한다면? 그렇다면 그 여성은 되바라졌다거나 조신하지 못하다는 등의 부정적인 평가를 받을 가능성이 크다. 비표준형을 사용하는 여성은 통제할 수 없는 야생의 존재, 계몽되지 않은 존재로 취급당한다. 아니라고? 영화 속 욕쟁이 할머니를 우리가 어떻게 바라보는지 생각해 보라. 반면 표준어를 사용하는 여성은 계몽된 존재, 정숙한 여인으로 인식될 것이다. 자기 본래의 목소리를 낼 수 없어 표준어를 사용했는데, 그 순간 사회의 질서에 순응하는 존재가 되어 버리는 아이러니. 이렇게 보면 여성들은 이중의 덫에 포획되어 있는 셈이다. 자고로 여성들은 말하되 말하면 안 되는 존재들, 혀가 있지만 혀를 숨겨야 하는 존재들이었다. 어쩌다 목소리가 새어 나와도 여성의 말은 가치 없는 것으로 받아들여진다. 이렇게 여성들의 목소리는 봉쇄당해 왔다. 목소리를 내고자 하는 여성들을 향해, 세상은 이렇게 말한다. '저 혀를 잘라라. 저 혀를 잘라라. 저 혀를 잘라라.'

한국 사회의 도처에서 이런 저주가 들린다. 근래 들어 가장 눈에 뜨이는 사례는 한 젊은 여성 정치인에 대한 반응들이다. 공정을 말하는 젊은 남성 정치인의 혀는 추앙받지만, 젊은 여성 정치인에게는 욕설에서부터 성희롱, 점잖 빼는 충고와 비판이 따라붙는다. 하지만 내게 그 대부분의 반응은 '저 혀를 잘라라'라는 저주의 수많은 변주처럼 보인다.

타투업 합법화를 촉구하며 보라색 원피스를 입고 자신의 등에 타투를 그려 공개한 여성 정치인에게 그들은 묻는다. 왜 그 따위 방식으로 표현하는가? 왜 좀 더 '정상적'으로 목소리를 내지 않는가? 왜일까? 답은 자명하다. '새파랗게 어린', '여성'의 목소리를 이 사회는 들으려 하지 않기 때문이다. 국회의원이라고 해 봤자 새파랗게 어린 여자일 뿐이고, 그런 여자가 말을 해 봤자 그 말은 가치 없는 말이기 때문이다. 퍼포먼스를 벌이는(그는 기자회견을 위해 노출된 등에 타투 스티커를 붙이고 나왔다) 젊은 여성 정치인에 대한 비난은 결국 이런 내용이다. '어이, 내가 말할 테니 너는 그냥 들어. 시끄럽게 쓸데없는 말 떠들지 말고.' 이러니 별수 있나? 도통 들으려 하지 않는 사회를 상대로 목소리를 내고, 그들이 그 목소리를 듣게 하려면 다른 방법을 쓸 수밖에. 그리고 그 방법을 통해서 이 정치인은 기어코 타투 노동자들의 목소리를 세상에 전했다.

이 정치인은 원피스를 입었다고, 점프 슈트를 입었다고, 운동화를 신었다고, 맨 등을 보였다고 공격당한다. 모든 것이 과하다고, 도를 넘었다고, 무엇보다도 네가 하는 일은 가치가 없다고 비난받는다. 그러나 이 정치인이 비난받는 진짜 이유는 그게 아니다. 그가 비난받는 이유는 그가 자신의 혀를 숨기지 않는 자이기 때문이다.

내 입안의 혀들이 말한다. 그의 혀가 숨지 않기를, 더 큰 목소리를 내기를 기원한다고. 더 많은 이들이 숨겨 둔 자신의 혀를 발견하기를, 그 혀로 새로운 목소리를 내기를 빌어 본다고.

다중 우주,
아니 다중 언어를
상상하라

우주와 언어

우주를 생각한다.

물리학자처럼 우주의 원리를 탐구하는 게 아니다. 내가 우주를 생각하는 이유는 아들 녀석이 빠져 있는 〈플래시〉라는 미국 드라마 때문이다. 나는 거실을 '오다가다' 이 드라마를 보게 되는데, 거기에 등장하는 인물 중 웰스 박사라는 이가 있다. 주인공 플래시를 돕는 척하지만 사실 악당인 웰스 박사는 드라마에서 죽음을 맞이한다.

그런데 지나가다 보니 죽었던 웰스 박사가 다시 등장해 있다. 헤어스타일과 옷차림새가 달라지긴 했지만 분명 웰스 박사다. 어찌된 일인지 아들에게 묻는다.

"다른 우주에서 왔지."

심드렁하게 아들이 대답한다. 뭐 그런 당연한 걸 물어보냐는 투다. 이 드라마에서는 우주가 여러 개이고 따라서 웰스 박사도 여러 명이다. 그러고 보니 아들이 제일 좋아하는 영화 〈어벤져스〉 시리즈도 그렇다. 〈어벤져스〉의 내용을 요약하자면 이 우주, 저 우주, 그 우주, 온갖 우주에서 온 슈퍼 히어로들과 슈퍼 악당들이 지구에 모여 서로 치고받는 것이니까. 이러니 〈어벤져스〉 시리즈를 모두 섭렵한 아들에게 우주란 하나의 우주인 유니버스가 아니라 당연히 멀티버스, 곧 다중 우주일 것이다.

하지만 내게 우주는 하나였다. 슈퍼맨의 고향 별인 크립톤 행성은 지구로부터 50광년 떨어져 있고, 〈스타워즈〉는 '오래전 멀고 먼 은하계' 저 너머의 이야기다. 그러나 그 우주는 내가 속한 나의 우주다. 내게 우주는 하나밖에 없었으니까.

내가 속한 우주의 저 반대편, 그곳에서 산다는 제다이 기사들의 '포스'를 생각하다, 문득 우주의 언어에까지 생각이 미친다. 단일한 우주이기는 하지만 그 끝을 알 수 없는 광대한 우주. 얼마나 먼 곳에서 일어난 일인지 보여 주기 위한 장치로 스타워즈에서는 외계인들이 영어가 아닌 온갖 종류의 다른 언어를 구사한다. 이를테면 스타워즈의 우주는 다중 언어의 세계다.

이와 달리 〈어벤져스〉의 우주 '들'에서는 영어라는 단일한 언어가 사용된다. 우주의 끝 타이탄 행성에서 온 최강의 악당 타노스도 영어를 사용하고, 아스가르드 왕국의 왕자 토르도 영어를 사용한다. 〈어벤져스〉의 세계는 다중 우주이지만 단일 언어가 사용되는 곳이다. 하지만 내가 보기에 이건 우주적인 권능을 지녔다는 인피니티 스톤 여섯 개를 모아도 할 수 없는 일이다. 여러 우주의 언어를 하나로 통일하다니, 그것이야말로 가장 강력하고 엄청난 '포스' 아닌가?

여러 개의 '코리언들'

당신은 우주가 하나라고 생각하는가 아니면 여러 개의 다른 우주가 존재한다고 생각하는가? 이론물리학자가 아니라면 대부분의 사람들에게 이 질문은 믿거나 말거나의 문제다. 그렇다면 이런 질문은 어떤가?

'당신은 단일 언어의 세계에서 사는가 아니면 다중 언어의

세계에서 사는가?'

　당신이 한국인이고, 한국에서 의무교육을 받은 사람이라면 거의 자동적으로 단일 언어의 세계에 산다고 답할 것이다. 세계에서 단일 민족과 단일 언어를 유지하는 몇 안 되는 나라. 아아, 대한민국, 자랑스러운.

　이 단일한 언어는 우리들 머릿속에 '국어'라는 이름으로 표상된다. 국어는 체제다. 국가를 구성하는 모든 국민이 모든 장면에 동일한 언어를 사용할 것을 요구하는 체제. 그리하여 이 체제는 언어를 철저하게 동질화하고 평준화시키려 한다. 그리하여 '한국인 모두가 하나의 국어를 사용하고 있다'는 명제는 '지구에 중력이 존재한다'는 말만큼이나 한국인들에게 객관적이고 명백한 사실이다.

　그러나 이 명백한 사실은 중력만큼 강력하지는 않다. 국어가 오염되고 있다느니 아름다운 우리말을 지켜야 한다느니 하는 말들이 이를 증명한다. 그러니까 균질하고 단단한 하나의 실체인 국어를 위협하는 다른 말들이 있다는 뜻이다.

　나의 경우, 대학 시절 항상 붙어 다니던 친구에게 처음으로 편지를 쓸 때 이 같은 다른 말들의 존재를 깨달았다. 막상 편지를 쓰려 하자 나는 당혹스러웠다. 써야할 내용 때문이 아니었다. 그 당혹감은 제주 방언으로 소통하던 친구에게 제주 방언으로 편지를 쓸 수 없다는 사실에서 온 감정이었다.

  망설임 끝에 나는 친구를 '자네'라고 호명하며 말끝마다 "뭐 뭐 하네, 뭐뭐 할 걸세, 뭐뭐가 있네" 이렇게 썼다. 기형도 산문집에서 읽은 편지투를 따라한 것이다. 그렇게 쓰지 않으면 뭔가 죄를 짓는 것 같았다. 스스로 생각하기에 내가 쓰는 제주 방언은 '국어'가 아닌 말, 문자로 쓰일 자격이 없는 말이었기 때문이다. 내 안에 국어가 아닌 다른 이질적인 언어가 있음을 생생하게 깨닫고 화들짝 놀라 그 언어를 남들에게 보이지 않도록 욱여넣는 순간이었다. 그 순간 국어는 나에게 하나의 정체성만 가질 것을 명령했다. 그 명령에 따라 나는 제주어 화자로서의 정체성을 버렸다. 그렇게 나는 나 자신을 검열하고 스스로를 타자로 만들었다.

  자기 자신조차 타자로 만드는 이런 균열의 순간들을 외면하지 않다 보면 하나의 한국어가 아니라 많은 한국어 '들'이 있다는 사실을 직시하게 된다. '한국어'라는 표현도 적절치 않다. 차라리 코리언Korean이라는 말이 더 정확할 것이다. 북한의 조선어와 중국 지역의 조선어, 일본 지역의 조선어, 구소련의 고려 말, 미국 LA 지역의 한국어 등과 같이 남한의 영토를 벗어난 곳에서 존재하는 코리언들도 있기 때문이다. 그리고 이 '코리언'들은 남한의 한국어와는 다르다.

  이러니저러니 해도 결국 같은 말 아니냐고 반문할 수도 있을 것이다. 문법 같은 것도 같을 테니까 말이다. 그러나 이 코리언 '들'은 문법도 종종 일치하지 않는다. 대표적인 것이 부정 표현이다. 남한어 문법에서는 '안/못'이 결합한 부정문을 다음과 같이 나타낸다. '빗방울이 안 떨어지다', '말을 못 알아듣다'. 하지만 북한어에서 부정어는 '빗방울이 떨어 안 지다', '말을 알아 못 듣다'와 같이 사용된다.

이처럼 우리가 아는 한국어는 하나의 한국어가 아니다. 슈퍼 히어로의 세계가 다중 우주로 구성되어 있는 것처럼 우리는 다중 한국어의 세계에 산다.

한국어는 누구의 것인가? 한국의 언어는 무엇인가?

실제로는 다중 한국어의 세계에 살지만 단일한 언어로 호명되는 '국어'라는 이름은 현실의 수많은 다른 한국어들을 그 이름 아래로 사라지게 만들 뿐만 아니라 다른 한국어를 쓰는 우리 자신을 타자화시킨다. 그 이유는 국어라는 단일 언어 이데올로기가 하나의 언어, 하나의 영토, 하나의 민족이라는 강력한 삼위일체의 신앙 위에서 작동하기 때문이다. 즉 '국어'는 국민 모두가 같은 상황에서 같은 말을 할 것을 기대하는 근대 국민 국가의 헤게모니 장치다.

하나의 언어, 하나의 영토, 하나의 민족이라는 강력한 환상은 근대 국민국가의 형성을 이끌었다. 그러나 이 강력한 환상도 인간이 통제할 수 없는 재난 앞에서는 무기력하게 무너진다. 1995년 한신·아와지 대지진 때의 일본이 그렇다. 당시 외국인 피해자가 상당수 발생했는데, 그 이유는 외국인들이 제대로 재난 정보를 전달받을 수 없었던 까닭이 컸다. 그 이후 일본에서는 일본어를 모어로 하지 않는 화자들을 위한 '쉬운 일본어' 보급 운동이 일어났다. 삼위일체의 환상만으로는 사람의 목숨을 구할 수 없기 때문이다. 일본 땅에서 일본어를 할 줄 모른다고 마땅히 죽어야 하는 사람은 없다.

사상 초유의 팬데믹 사태를 맞이한 한국의 경우는 어떠한가? K방역이라는 이름으로 재난에 맞서고 있지만, 방역에서 중요한 역할을 하는 긴급 재난 문자 시스템은 오로지 한국어로만 제공된다. 아무도 이것을 문제라고 생각하지 않겠지만 이것은 문제다. 왜냐고? 전염병의 대유행이라는 재난이 우리에게 알려 준 제일 큰 교훈을 상기해 보자. 그 교훈은 '국적, 인종, 성별, 사용 언어 등등의 여부를 떠나 우리는 모두 연결되어 있다'는 점이다. 전염병이라는 재난은 한 개인의 행동이 공동체 전체를 위험에 빠뜨릴 수 있다는 것을 특징으로 한다. 방역의 성공은 공동체의 구성원들에게 정확하고 신속하게 전염병 정보를 제공함으로써 구성원들이 적절한 행동을 취하게 하는 것에서 시작된다. 그런데 그 정보가 한국어로만 유통이 되는 것이다.

여기서 두 개의 질문을 던져 보자. 한국어는 누구의 것인가? 한국의 언어는 무엇인가? 이제 이 질문에 대한 대답을 올바르게 하는 것이 한국 사회의 안녕과 직결된다는 점을 이해할 것이다. 그런데 이 두 질문에 대해 한국 방역 체계의 운영자들은 '한국어=한국 영토=한국 국민'이라는 잘못된 대답을 내놓았다. 한국어는 한국어를 모어로 하는 한국인만의 것이고, 한국에는 한국어만 존재한다는 인식이다.

그러나 한국어는 한국인만의 것이 아니다. 한국에는 250만 명에 달하는 이주민들이 살고 있다(2020년 2월 기준). 모어가 다른 이주민들 사이에서는 한국어가 공통어로 사용된다. 이 한국어는 원어민 한국어 화자가 아닌, 비원어민이 만들어 가는 새로운 한국어다.

한국에 한국어만 존재하는 것도 아니다. 이주민들은 자신들의 모어를 사용하는 언어공동체를 이루며 살고 있다. 내가 사는 동네의 빨래방에만 가도 베트남어, 러시아어, 중국어, 한국어 안내가 붙어 있다. 이 언어들은 한국 사회 내에서 따로국밥처럼 존재하는 것이 아니라 서로 섞이고 넘나들며 새로운 언어 현실을 만들어 낸다.

이 언어 현실 속에서 사는 사람들은 하나의 고정된 정체성이 아닌, 유동적이며 혼종적인 복수의 정체성을 가지고 있다. 이 현실 속 누군가는 서툰 한국어를 구사하는 한국인이자 유창한 베트남어 화자일 수 있고, 러시아어를 사용하는 사람의 이웃일 수 있다. 이런 현실에서 언어적 차이는 장애나 결핍이 아니라 소통을 위한 자원이 된다. 그렇게 이 땅의 여러 언어들은 사람들과 함께 섞이며 새로운 언어 현실을 만들어 내는 중이다.

새로운 시작 : 단일한 언어, 국어라는 상상을 넘어서

국어라는 체제의 토대, '한국어=한국 영토=한국 국민'이라는 도식은 이런 현실을 문제나 오염으로 규정하고 애써 외면하거나 은폐한다. 이 삼각형 도식은 마의 버뮤다 삼각지대만큼이나 무시무시해서 우리가 복수의 언어적 정체성을 가질 수 있다는 사실 자체를 망각하게 한다. '다문화'에 대한 담론은 홍수를 이루지만 '다중 언어'에 대한 논의는 거의 이루어지지 않는 이유다. 그러나 이처럼 다른 문화는 인정하지만 한국 땅에서 다른 언어는 인정할 수 없다는 태도는 모순이다. 한 사람의 정체성은 그의 언어와 떼어 놓을 수 없기 때문이다. 이렇게 국어 체제는 끊임없이 우리 안의 타자를 만들어 내고, 그들의 목소리를 억압한다.

국어로 표상되는 단일 언어 이데올로기는 이처럼 한국어가 아닌 다른 언어를 사용하는 약 5퍼센트의 한국 사회 구성원들을 간단하게 지워 버린다. 타노스가 손가락을 튕기는 것만큼이나 간단하다. 문제는 이들을 지워 버렸다고 해서 이들의 존재가 사라지는 것은 아니라는 점이다. 우리 앞의 재난을 다시 상기해 보자. 이 땅의 재난은 한국어를 사용하는 한국인들한테만 들이닥치는 게 아니다. 또, 누군가가 한국 땅에서 한국어가 아닌 다른 언어를 사용한다고 해서, 그가 마땅히 재난의 피해자가 되어야 하는 것도 아니다. 다시 말하지만 우리는 모두 연결되어 있다. 다른 언어를 사용하는 누군가도 우리의 일부이고, 그의 재난은 곧 우리의 재난이 될 것이다.

한국인들에게 국어는 자명한 것, 자연과도 같은 것이다. 그러나 국어는 어디까지나 상상되고 발명된 것이다. 이제 국어라는 단일 언어 이데올로기의 상상을 뛰어넘을 때가 되었다. 그 상상이 이 땅에 하나의 언어만 있지 않다는 것, 다양한 언어, 다양한 우리가 존재한다는 사실을 인식하지 못하게 만들기 때문이다.

우리의 우주가 다중 우주라면, 그 많은 우주에서는 모두 다른 말들이 사용될 것이다. 멀리 은하계 저편까지 가지 않아도 된다. 우리가 발붙이고 살고 있는 이 땅의 현실이 바로 그렇다. 그러니 이제 새로운 우리들, 새로운 한국어들, 새로운 한국의 언어들을 상상할 때가 되었다. 우리가 새롭게 뭔가를 시작해야 한다면, 그 시작은 바로 이런 상상과 함께여야 한다.

•   이 글은 안수향 외, 《매거진 G 4호 다시 시작할 수 있을까》
       (2021, 김영사)를 바탕으로 하였음.

사전에
'빵꾸'
내기

'다라이'라는 말이 있다. 맞다. 보통 '고무'라는 말과 함께 붙어서 나오는 그 이름. 요즘 같은 김장철에 여기저기서 한참 불리고 있을, '다라'라고도 불리는 그 이름. 내 인생 최초의 목욕탕이자 수영장이었을 그 이름. 이 말이 사람의 형상을 한 요정이라면 어떨까? 다라이가 정말 요정이라면 반지의 제왕에 나오는 엘프의 모습이 아니라, 해리포터에 나오는 집 요정 도비의 모습에 더 가까울 것이다. 그리고 도비처럼 혐오와 핍박의 대상일 가능성이 크다.

아닌 게 아니라, 요정 다라이는 '벤또' '빵꾸' '공구리' '구루마'와 같은 요정들과 함께 온갖 모욕을 받고 있다. 얼마 전 전북 지역방언 조사 결과를 놓고 사달이 난 것이다. 전북 방언사전에 다라이, 벤또, 빵꾸, 공구리, 구루마 같은 말들이 실린 것을 두고, 한 도의원이 식민 잔재인 일본어가 전북 방언으로 '둔갑'했다며 문제를 제기했다. 덧붙여 표준어까지 방언사전에 섞였다며 편찬의 부실을 주장했다. 전라북도 문화관광국장은 오류를 인정하면서 "개인적으로 수치스럽다"는 고백까지 하기에 이르렀다. 그리고 많은 언론들은 이 기막힌 '부실 용역'에 대한 비난조의 기사들을 쏟아 냈다. 사전 회수와 소위 부적절한 말들의 삭제를 거론하면서.

다라이와 그의 요정 친구들은 전북 방언일까 아닐까? 이에 대한 대답을 하기 전에, 먼저 언어든 방언이든 그 경계를 명확히 구분하는 것이 쉽지 않다는 점을 짚고 넘어가야겠다. 상호 소통 가능성이라는 기준을 두고 언어를 분류하면 손쉬울 것 같지만 현실은 그렇지 못하다. 국경을 마주한 네덜란드어 화자와 독일어 화자는 서로 말이 통하고, 같은 중국어 화자라도 지방이 다르면 소통이 안 되는 경우가 그러한 예다. 이처럼 어떤 말들을 '○○어'라고 규정짓는 것은 어렵다. 이런 이유로 사회언어학자들은 언어라는 말보다는 '코드'라는 말을 선호한다.

말에는 본래 국가도 없고 국경도 없다. 국경을 그어 놓은들 말들은 수시로 국경을 넘는다. 한국이라는 국가 내부의 말들도 마찬가지다. 지역이나 사회적 조건에 따라 다양한 변이들이 존재하며 이들 변이들의 경계 또한 모호하다. 심지어 어떤 변이들은 수시로 끊임없이 이쪽과 저쪽 경계를 넘나든다. 말들은 결코 균질하지 않다.

그러나 '한국어'라는 가공품의 '발명'은 이러한 차이를 일거에 제거해 버린다. 한국어라는 말 속에는 '언어=영토=국민'이라는 성스러운 삼위일체의 구도가 숨어 있다. 그리고 이 구도를 통해 한국 영토 안에 거주하는 국민이라면 누구나 동일하고 균질한 하나의 한국어를 사용한다는 환상이 만들어진다. 이 환상을 만들어 내는 장치는 다름 아닌 표준어 제정이다.

표준어 제정 과정에는 우생학과 위생학이 개입한다.♦ 우생학적 처리 과정은 서울말을 우등한 것으로, 지역어를 열등한 것으로 만들어 표준어에서 지역어를 제외하는 방식으로 진행된다. 다음은 위생학적 처리 과정. 이 처리 과정을 통해 토착어가 아닌 외래어들은 '오염된 말'이 된다. 순수한 언어란 있을 수 없지만 만들자면 쉽게 만들 수 있다. 방법은 간단하다. 어

♦　김하수, 「진짜 한국어, 다시 보기」, 『〈국어의 사상과 실제〉 국제 심포지엄 자료집』(2016), 19~32쪽.

떤 것을 오염된 것으로 지목해 제거하는 것이다. 그러면 나머지는 순수한 것이 된다. 이런 가공 과정을 거쳐 한반도라는 명확한 영토와 경계를 가진 '한국어'가 발명된다. 이 한국어는 그냥 한국어가 아니다. 우생학과 위생학으로 담금질된 '우수하고', '순수한' 한국어다. 그리고 이런 언어의 발명에는 사전 편찬이 동반된다.

우생학과 위생학에 의해 내쳐지기는 했지만 지역방언과 외래어가 사라진 것은 아니다. 이 말들은 시장통에서, 친구와 가족들 사이에서 '힘 빼고' 이야기할 때 사용하는 일상어 vernacular로 기능한다. 일상어에서 제일 중요한 것은 그 어떤 것도 아닌 '소통'의 효율성이어서 소통만 잘 된다면 그 언어의 출신은 따지지 않는다. 일본이든 어디든 외국에서 왔다고 차별하지 않는다. 이것저것 뒤섞였다고 흉보지도 않는다. 그저 잘 통하기만 하면 장땡이다.

우리들 머릿속 사전에는 두 종류의 요정들이 산다. 하나는 정장을 쫙 빼입고 거드름 피우며 있는 척하는 말의 요정들이다. 우리는 이 요정들을 회의 석상이나 학교, 관공서에 갈 때, 아니면 처음 보는 사돈과 상견례하는 자리에 데리고 간다. 서울이 아닌 지방에서는 표준어들이 이런 요정이 된다. 까다롭고 껄끄러운 녀석들이지만 '고급진' 곳에서는 이 녀석들과 함께해야 먹힌다.

다른 종류의 말의 요정들은 편한 '추리닝' 복장에 '쓰레빠'를 끌고 다니는 녀석들이다. 지역방언이나 저잣거리의 말들이 이 친구들이다. 사실 이 요정들은 정장 입고 다니는 요정들의 위세에 묻혀 잘 보이지 않는다. 그래도 이들은 일상 여기저기서 시도 때도 없이 튀어나온다. 흥정을 할 때도, 동료와 시시덕거릴 때도, 왁자지껄한 동창회 모임에서도, 말 안 듣는 아이들한테 고래고래 소리를 지를 때도 이 요정들이 있다. 그러니까 이 요정들은 우리 일상의 삶에 착 붙어 있다.

다시 다라이와 그의 친구 요정들 이야기로 돌아가 보자. 이들은 전북 지역에 사는 화자들의 머릿속 사전에서 튀어나왔다. 예를 들면 이런 식이다. '차가 돌질을 가다 본게 차 바꾸에 빵꾸가 나 번졌어.' '아이고 웬수 같은 비, 하눌이 빵꾸가 났는가 왜 이리 쏟아 붓는다냐.' 전라북도 방언사전에 나오는 예문이다. 생각해 보라. 빵꾸를 삭제하거나 '펑크'로 바꾸는 게 옳은 것인지. 전북 지역 토착민들의 일상어를 기록하는 것이 목적이었던 언어학자들은 이들의 존재를 확인하고 이들을 전라북도 방언사전에 등재시켰다.

의원이 열받은 이유는 우생학적·위생학적으로 당연히 처리되어야 할 '오염된 말'들이 전북 방언이라는 발명품 속에 섞여 있었기 때문이다. 실제 전북 지역에서 어떠한 말들이 사용되는지는 상관없다. 그 실상이 어떻든 이 발명품은 '고유하고 순수한 말들의 집합'으로 '상상'되어야 하는데 가만 보니 이물질이 들어 있는 것이다.

많은 이들은 언어학자를 못난 말과 지저분한 말을 골라 처리하는 청소부라고 여긴다. 유능한 청소부인 줄 알고 언어학자들에게 일을 시켰는데 기대한 청소를 하지 않으니 화를 낼 수밖에. 그러나 이런 시각과는 무관하게도 (또는 모순되게도) 언어학자들은 있는 그대로의 언어 현상을 기술하고 그 현상 속에 내재한 법칙을 찾아내는 것을 자신들의 임무라고 생각한다. 그들은 그 임무에 맞춰 전북 지역에서 실제로 사용되는 말을 찾아내고 성실히 기록했을 뿐이다.

역사학자들은 자신이 발굴한 사료가 부끄러운 역사를 들춘다거나 마음에 들지 않는다고 하여 그 사료를 조작하거나 태워 버리지 않는다. 그렇다면 생각해 보자. 실제로 사용된다고 밝혀낸 말들을 부끄러운 말이라며 사전에서 삭제하는 행위는 과연 정당한가?

고무 다라이라는 말은 부끄러운 말도, 오염된 말도 아니다. 좀 못나고 세련되지 못했지만 고무 다라이는 우리의 일상과 함께하는 말의 요정일 뿐이다. 우리의 진짜 삶 속에는 이런 요정들이 함께한다. 그러니 부디 멀쩡한 방언사전, '빵꾸' 내지 않기를.

도대체
순수는
어디에

더운 나라의 왕은 순수를 원했다. 왕은 자신의 왕국을 물들인 알록달록한 색깔들과 시장통의 난장과 소음을 견딜 수 없었다. 왕은 밤낮으로 신에게 기도했고, 신은 감읍했다. 폭설이 내렸다. 왕은 난생처음 흠결 없이 백색으로만 가득 찬 세상을 바라보았다. 그러나 왕은 걱정이 앞섰다. '아침이 되면 순수해진 세상을 아이들과 개들이 망가뜨리겠지.' 왕은 명령을 내렸다.

"지금부터 모든 통행을 금한다."

다음 날 아침, 왕이 기대한 눈의 왕국은 없었다. 길은 눈과 진흙이 엉켜 진창이 됐고, 벌판에는 사람들과 동물들의 발자국으로 가득했다. 밤을 틈타 사람들이 쏟아져 나온 것이다. 진노한 왕은 명을 어긴 자들을 색출하라고 명했다. 재상이 왕을 막아섰다. "폐하, 폐하의 왕국은 백성들의 왕래 속에서 만들어지는 것입니다. 고로 사람들이 오가며 만나고, 온갖 것들이 섞이지 않으면 이 왕국은 존재할 수 없습니다. 저 순백의 눈은 그저 차가운 신기루임을 왜 모르십니까?" 왕은 재상을 노려보며 말했다. "도대체 순수는 어디에 있단 말이오?"

언어 순수주의자들이 신조어를 바라보는 관점을 설명하려면 이런 우화를 지어내야 하지 않을까? 단도직입적으로 말하자. 언어 순수주의자들은 세상이 온통 눈으로 뒤덮이기를 바라는 더운 나라의 왕들이다. 이들에게 신조어는 새로움이 아니라 순수한 언어의 파괴이자 타락이다.

이제 당신이 왕인지 아닌지 시험해 볼 시간이다.

생파(생일 파티) 때 친하지도 않은 사람이 생선(생일 선물)을 들고 왔는데, 생선은 마음에 들었지만 사람이 낄끼빠빠(낄 때 끼고 빠질 때 빠진다)를 못하더라. 물론 케바케(케이스 바이 케이스)지만 그런 사람들은 정말 별로야. 헐, 뭐 괜찮다고? 흠좀무(흠, 이게 사실이라면 좀 무섭군요) 할많하않(할 말은 많지만 하지 않겠다). 헐.

여기까지 읽고도 낯설지 않다고? 정말 오나전(완전) ㅎ
ㄷㄷ(후덜덜). 더 볼까? ㅇㅋ(오케이)? ㅇㅇ(응)? 그렇
다면 이런 야민정음은 어떤가? 띵언(명언), 띵작(명
작) 모르겠다고? 이런 댕청이(멍청이), 정말 롬곡옾눞
(폭풍눈물)이 난다. 네넴띤(비빔면)이나 먹어야겠다.

이런 신조어들의 목록을 계속 읽어 내려가다 보면 자신도
모르게 더운 나라의 왕이 되어 '도대체 순수는 어디에?'를 중
얼거릴지도 모른다. 낯선 말들을 만나면 우리는 당황한다. 그
리고 쉽게 그 당황스러움을 '불쾌함'으로 치환한다. 그러나 반
대의 감정도 있다. 새로운 것을 써 보고 통했을 때의 쾌감이다.
신조어를 둘러싸고 우리는 이 두 감정 사이를 왕복한다. 그러
나 신조어를 둘러싼 논란은 이러한 감정, 그 이상의 것이 개입
되어 있다. 그것은 바로 언어를 바라보는 시선이다.

우리는 언어를 이미 완성되어 있는 것으로 생각한다. 즉 언
어를 항상성을 유지하는 하나의 단일한 생명체로 간주한다.
그러나 신조어는 언어에 대한 이러한 시선에 정면으로 도전
한다.

여러 생명체가 결합되어 있는 혼종의 존재를 우리는 괴물이
라고 부른다. 사람의 머리에 사자의 몸을 하고 있는 스핑크스,
인간과 황소의 교합으로 탄생한 미노타우루스 등은 바로 이런

존재들이다. 신화 속 혼종의 존재는 생명이 만들어지는 규칙을 위반한 것들이며, 따라서 세상이 혼돈에 쌓여 있다는 증거다. 신화 속 영웅들은 이러한 괴물들을 제거함으로써 세상의 질서를 회복시킨다. 언어 순수주의자들에게 신조어는 딱 이런 괴물과도 같은 존재, 혼돈의 표식이다. 질서를 되찾기 위해 괴물은 없어져야 한다.

신조어의 괴물성은 그것들이 한국어의 조어법을 거스르는 경우가 많다는 점에서도 증명된다. 과연? 여기서 사실관계를 명확히 하고 넘어갈 필요가 있다. 한 언어의 문법은 선험적으로 존재하는 물리적 법칙이 아니다. 영업 비밀을 살짝 발설하자면, 문법은 '발명'된 것에 불과하다. 그리고 문법이 발명되기 전에는 '틀린 말'이란 게 존재하지 않았다.

만약 새로운 신조어의 생성 방식이 한국어 조어법과 어긋난다면, 이는 신조어가 '잘못'되었음을 뜻하는 것이 아니다. 그보다는 언어학자들이 한국어의 신조어 생성 방식을 포착해 내지 못하고 있다고 이해하는 것이 맞다. 이는 어떤 생물학자가 인간을 관찰하고 '인간은 걷는다'라고 기술하면서, 달리기나 물구나무서기 등의 동작들은 인간이 할 수 없는 동작이라고 말하는 것과 같다.

그렇다면 사람들은 왜 신조어를 만들어 내는가? 그 이유는 단순하다. 욕망 때문이다. 우리는 '언어'로 사회를 구성한다. 그런데 사회는 변한다. 사회 구성원들은 새로운 관계와 환경에 처하고, 그에 따라 새로운 욕망을 가지게 된다. 신조어를 만들어 내는 동력은 바로 이 욕망이다.

'스세권', '숲세권'이라는 말을 예로 들어 보자. 지하철역이 가까운 구역인 역세권이 아니라 스타벅스와 녹지가 가까이 있는 생활권을 뜻하는 이 말들은, 사람들의 삶의 양식이 어떻게 변했는지, 가치 있는 것을 무엇이라고 생각하는지, 무엇보다도 어떤 것을 욕망하는지를 단박에 보여 준다.

신조어는 특정 공동체의 일원임을 드러내기 위해 만들어지고 유통되기도 한다. 이때 신조어는 배타적 소통을 추구한다. 여성, 지역, 소수자 등에 대한 피해 의식과 혐오의 감정을 공유하고 이를 신조어로 만들어 유통시키는 문제의 극우 사이트는 그런 사례 중 하나다. 어쨌든 그런 점에서 신조어가 소통을 가로막는다는 생각은 반만 사실이다. 신조어는 원래 '우리끼리' 소통하고 싶어서 만들어진 것이니까.

컴퓨터 자판, 스마트폰이라는 새로운 필기구, 새로운 미디어 환경에 적응하려는 욕망도 신조어에서 드러난다. '혈'을 'ㅎ ㄹ'로 최대한 단순하게 쓰고, '완전'의 오타인 '오나전'을 그대로 사용하는 것이 그런 예들이다. 많은 신조어가 축약어의 형식으로 만들어지는 이유도 같다. 손을 최대한 덜 사용하되 최대한의 효과를 얻으려는 욕망이 이런 말들 속에 숨어 있다.

뭐니 뭐니 해도 욕망 중 최고봉은 '그냥 이유 없이', '놀고 싶은' 욕망일 것이다. '대'를 '머'로 읽고 '명'을 '띵'으로 읽는 야민정음은 이런 욕망의 산물이다. 야민정음이 한글을 파괴할 거라는 우려와는 달리, 나는 이런 놀이 때문에 한글이 파괴되지 않는다에 오백 원, 세종대왕이 지하에서 통곡하지 않으리라는 것에 만 원을 걸겠다. 야민정음은 그저 문자의 형태를 가지고 하는 놀이일 뿐이다. 그리고 이런 놀이는 한글의 형태를 너무나 잘 알고 있는 사람들만 할 수 있는 것이다. 폭풍눈물이라는 말을 거울에 비춘 이미지인 '롬곡옾눞' 역시 '폭풍눈물'이라는 말의 형태를 명확하게 인식하지 못하면 사용할 수 없다.

이런 놀이의 본질은 '쓸데없음'이다. 우리는 어떤 놀이가 뭔가에 도움이 된다고 생각하며 놀지 않는다. 말하자면 놀이에는 목적이 없다. 그냥 재미있으니까 노는 것이다. 그러나 놀이로 생겨난 말들이 쓸모가 아예 없는 것은 아니다. 신조어는 말을 유표적◆으로 사용하려는 욕망을 반영한다. 소통을 할 때 자신의 메시지를 보다 효과적으로 전달하기 위해서 더 눈에 잘 띄고 도드라지는 형식을 선택하는 것이다. 그러나 너무 튀는

◆　　　　　언어의 일반적인 경향에 대하여 예외적인 것.

방식은 오히려 소통을 방해한다. 욕망은 때로는 역설적이어서 자기가 자기 자신을 막아선다.

욕망은 다양하다. 그리고 복잡하다. 우리는 이 욕망을 언어로 만들고, 이를 조각보처럼 이어 붙여 사회를 만든다. 신조어를 들여다보면 복잡다단하게 얽혀 있는 우리들의 욕망이 읽힌다.

다시, 왕이 묻는다. "도대체 순수란 어디에 있단 말이오?" 재상이 답한다. "순수한 것이 있다면 그것은 오직, 서로 섞이고 스며들고 소통하고 또 멀어지려는 욕망, 그 욕망뿐이겠지요." 왕이 혼자 중얼거린다. '음, 이거 띵언인데.'

● 이 글은 백승주, <신조어 기세, 이대로 괜찮을까?>, 《GQ》 (2021년 2월호)를 바탕으로 하였음.

미싱은
잘도 도네
돌아가네

사계를 듣는다. 비발디의 사계가 아니라, 1983년에 결성된 민중가요 노래패의 사계. "짧은 샤쓰, 짧은 치마 뜨거운 여름. 소금 땀 비지땀 흐르고 또 흘러도 미싱은 잘도 도네 돌아가네." 밤낮없이 재봉틀을 돌려야 하는 '시다'들이 주인공인 노래. 듣고 있으면 가슴이 서늘해지는 노래. 나와 내 또래들이 뜬금없이 X세대로 임명되었던 1994년, 그해 여름에도 나는 이 노래를 들었다. 남들이 X세대라고 하길래 X세대답게 청바지를 찢어 입고 다니고 싶었지만, 그러려면 일단 청바지를 사야 했기에 아파트 공사판에서 방학을 보내기로 했다.

"야, 너 저기 가서 오함마 좀 가져와라." 아파트 건설 현장에서 맡은 첫 번째 임무였다. 오함마? 오함마라. 오함마가 뭐지? 하늘도 무심하시지. 난생처음 하는 노가다 아르바이트인데, 출근하자마자 이런 시련을 주다니. 차마 오함마가 뭔지 모른다는 말이 나오지 않았다. 뭐 연장이라고 해 봐야 별거 있겠어? 대충 잘 찍어서 오함마처럼 생긴 걸 들고 가자. 쭈뼛쭈뼛 여러 연장들 사이에서 '오함마'처럼 생긴 것을 찾아보았다. 물론 '어이, 나야 오함마' 하고 손짓하는 연장이 없었기에 손에 잡히는 대로 어른 팔뚝만 한 망치를 들고 십장* 앞으로 갔다. 그는 어처구니없는 표정을 지으며 말했다. "야, 너는 대학생이 오함마도 모르나?"

십 수년 뒤. 나는 일요일마다 열리는 복지관 한국어 교실에서 외국인 노동자들에게 주유소에서 사용할 수 있는 표현을 가르치고 있었다. 기름을 가득 채워 달라는 말을 설명했지만, 학생들은 잘 이해하지 못했다. 보다 못해 탱크에 기름이 가득 차 있는 장면을 칠판에 그려 주자 방글라데시에서 온 학생이 크게 깨달았다는 듯 소리쳤다. "아아, 이빠이!" 학생의 눈빛은 이렇게 말하는 것 같았다. 아니, 선생님, 어떻게 '이빠이'

*   일꾼들을 감독·지시하는 우두머리.

도 모릅니까?

철두철미한 언어 경찰을 자임해야 하는 자로서 이 글의 다음 내용은 이래야 한다. 각종 노동 현장에 아직도 일본어의 잔재가 '뿌리 뽑히지' 않고 남아 있는 것을 개탄하고, 하루 빨리 힘을 모아 이런 저급한 언어들을 '순화'해야 한다고 힘차게 외쳐야 한다.

이렇게 우리는 너무나 손쉽게, 아니 거의 반자동적으로 노동 현장의 언어들을 순화의 대상으로, 빨리 처리해야 할 오염된 폐기물로 분류한다. 이런 언어들은 감금되어야 할 언어, 사회와 격리되어야 할 언어, 최소한 저쪽 구석으로 치워 버리고 눈길도 관심도 주지 말아야 할 언어이다. 이런 언어를 사용하는 사람들의 목소리? 들어서 뭐 하겠나?

그런데 나는 불온하게 자꾸 이런 질문을 떠올린다. 언어학자들은 공장으로, 건설 현장으로 찾아가서 그 공간의 사람들이 어떤 말을 사용하고, 어떻게 대화하는지 진지하게 탐구해 본 적이 있는가? 언어 청소부로서의 정체성을 버리고 말이다. 나 자신부터도 찔리는 말이지만, 언어학자들은 공장으로, 공사판으로 가지 않는다.

그도 그럴 것이 언어학은 노동하는 인간의 언어에는 관심이 없다. 언어학은 객관적이고 중립적으로 언어 자료를 다룰 것 같지만 돈 놓고 돈 먹는 세상에서 설마 그럴 리가. 언어학이 관심을 가지는 것은 자본을 움직이는 자들의 언어, 자본을 만들어 낼 수 있는 언어, 또는 자본을 대변하는 국가의 '정상 언어'이다. (AI에게 음성을 인식시키고 말하게 하는 기술, 대량의 언어 자료에서 돈이 되는 정보를 추출해 내는 기술은 상당 부분 언어학과 연관되어 있다. 현대 언어학은 그렇게 자신의 쓸모를 증명하려고 애쓰고 있다.) 그러니까 다른 학문 분야처럼(그렇다, 물귀신 작전이다) 본래부터 언어학은 근대 부르주아 국민국가의 국가 장치로 기능해 왔다.

이 국가 장치가 충실하게 수행하는 일 중 하나는 언어를 정상적인 범주와 비정상적인 범주로 구분하는 것이다. 이런 범주의 구분은 그 자체로 권력으로 작동한다. 이렇게 비정상적인 범주로 분류된 언어들, 다시 말해 순화해야 할 범주의 언어들은 이등 시민의 언어가 된다.

그리하여 노동하는 삶 속에서 일상적으로 사용하는 말들은 정작 그 말을 사용하는 사람들로부터 소외된다. 생각해 보라. 건설업 종사자들이 점점 자기 일에 숙련되어 갈수록 이들은 점점 더 많은 일본어투의 말들을 능숙하게 사용할 것이다. 개인적 차원에서 이것은 부끄러운 일이 아니라 자랑스러워해야 하는 일이다. 이 말들은 땀을 흘리며 그들이 몸으로 익힌 언어, 직업인으로서 자신의 능력이 얼마만큼 성장했는지 보여 주는 언어이기 때문이다. (건설 현장이라는 곳에 일하러 가서 오함마도 찾지 못하는 어떤 얼간이와 비교해 보라.) 그러나 자신의 발화를 국가의 눈으로 바라보는 순간, 그들의 언어 사용은 손가락질당해 마땅한 것으로 몰락한다.

물론 이런 잣대가 모든 직업군에게 공평하게 적용되는 것은 아니다. 소통의 용이성을 저해한다는 점에서는 의학 용어도 만만치 않지만, 우리는 드라마 속 의사들이 의학 용어를 사용할 때면 무슨 마법사의 신비한 주문을 보는 것마냥 감탄하면서 시청한다. '윙가르디움 레비오사! 루모스! 블리딩(출혈)! 앱도미널 디스텐션(복부 팽창)! 컨스티페이션(변비)! 가스 아웃(방귀)! 에잇! 안되겠군! 아바다 케다브…앗!' 여기까지.

경탄이 아니라 경멸의 시선을 받아 왔지만, 노동하는 이들은 자신들의 언어를 버리지 못한다. 그도 그럴 것이, 그 언어를 어떻게 그들의 몸에서, 그들의 노동에서 떼어 내겠는가? 사계의 노래 가사처럼 노동하는 이들은 계절이 지나가도 하루하루 묵묵히 '공구리'를 치고, '미싱'을 돌릴 뿐이다.

반면 자본의 언어는 쉴 새 없이 몸을 바꿔 화려하게 변신한다. 우리는 이제 창조 경제를 해야 합니다. 창조 경제가 뭔가요? 우주가 우리를 도와주는 게 창조 경제죠. 하하. 자 여기 조명을 잔뜩 쏘아 주세요. (그 조명의 그늘은 일하다가 목숨을 잃는 사람들의 모습을 숨긴다.) 자 4차 산업혁명의 시대가 왔어요. 4차 산업혁명이 뭔가요? 4차 산업혁명은 네 번째 산업혁명이라는 뜻이에요. 어차피 몇 번째인지는 중요하지 않아요. 그냥 좋은 거 하자는 거지. 하하. 자 여기 빨리 조명요! (이 조명은 강한 빛으로 여전히 일하는 사람들의 죽음을 가린다.) 아, 이제는 뉴노멀의 시대예요. 뉴노멀이 뭔가요? 갑자기 안 시키던 거 시켜도 그러려니 하며 일상으로 받아들이고 그냥 하라는 뜻이에요. 하하. 여기도 조명요! 마지막으로 우리 그린 뉴딜이라는 걸 해 보죠. 저기요, 근데 이게 정말 그린 뉴딜이에요? 하하, 그냥 좋게 생각하세요. 의도가 좋잖아요. 여기, 더 많은 조명이 필요해요. (그렇게 사람들은 또 죽어 가겠지.)

오함마는 건물을 올리고, 미싱은 옷을 짓지만 저 구호들은 공갈빵같이 공허하다. 그런 구호 아래 사람들은 불나방처럼 꼬였다가 다시 새로운 구호로 달려든다. 이 고상한 언어들이 끊임없이 변신을 하는 이유는 똑같다. 착시 효과를 일으켜 부조리와 불평등을 은폐하기 위해서다. 예컨대 똑같은 노동을 하지만 비정규직이라는 말은 차별을 정당화하고, 플랫폼 노동이라는 말로 자발적 착취를 가능케 한다. 이런 언어들 아래에서 사람들은 죽어 가는데, 자유니 민주니 국민이니 세상의 온갖 좋은 말들을 돌리고 돌려쓰는 저기 여의도 모래섬 위의 사람들은 사람을 살리는 문장 하나 제대로 짓지 못한다.

계절이 지나고 또 지나면 국가와 자본은 또 새로운 구호를 들고 나와 세상을 흔들고 그 구호 아래, 일하는 사람들의 죽음은 여전히 가려질 것이다. 4차 산업혁명이 뭔지, 뉴노멀이 뭔지 나는 아직도 모르겠다. 그렇지만 나는 부끄럽지 않다. 하지만 공사판에서 오함마를 몰라 헤매던 내 모습, 노동 현장의 언어를 그저 순화의 대상으로만 여기던 내 모습은 부끄럽다.

우리네 청춘이 저물고 저물도록 미싱은 잘도 도네 돌아가네. 노래는 이제 겨울로 접어든다. 노래를 들으며 땀내 나는 노동의 단어들을 생각한다. 그러다 어쩔 수 없이 다시 되묻게 된다. 저 언어들은 정말 불순한가? 정말 불순한 언어는 과연 무엇인가? '미싱'인가 아니면 저 위선의 구호들인가?

다시
찬드라의
경우

이거 전에 봤던 내용인가? 어쩌다 텔레비전을 켜면 처음 보는 방송인데도 이전에 봤던 것처럼 생각되는 프로그램이 있다. 대표적으로 한국을 처음 방문한 외국인들이 좌충우돌하는 방송. 그 프로그램 속의 외국인들은 우리에게 너무나 익숙한 길들을 못 찾아 헤매고, 먹는 방법을 몰라 엉뚱한 방식으로 음식을 먹는다.

그들의 고난은 우리의 즐거움이다. 이 즐거움에는 죄의식이 개입되지 않는다. 외국인들이 안전하다는 것을 알기 때문이다. 우리는 그들이 결국 목적지에 도착하리라는 것, 한국인들의 친절함에 감탄하리라는 것, 포만감과 만족감으로 식사를 끝내리라는 것을 안다. 우리는 그런 그들을 넘어지면서도 걸음마를 배우려는 아이를 보듯, 난생처음 스스로 음식을 떠먹는 아이를 보듯 대견한 시선으로 바라본다. 여기 여러분을 흐뭇하게 만들 안전한 고난을 전시합니다. 마음껏 즐겨 주세요.

그렇다면 찬드라 쿠마리 구룽의 경우는 어떠한가. 지금으로부터 30년 전, 그는 일자리를 찾아 고향인 네팔에서 서울로 와 길을 잃었고, 배고픔에 지쳐 분식집에 들어가 라면을 먹었고, 자기 수중에 현금도 지갑도 없다는 사실을 나중에서야 깨닫는다.

관찰 예능이라면 점점 고조되는 이 위기 상황은 높은 시청률로 이어질 것이다. 그리고 이게 진짜 관찰 예능이라면 아마 세상에게 가장 긴 관찰 예능이 될 것이다. 찬드라는 무려 6년 4개월 동안 정신병원에 갇혀 있었기 때문이다. 찬드라가 주인공인 예능에서 우리는 네팔어로 외국인임을 주장하는 멀쩡한 여성이 6년 동안 끊임없이 외면당하는 광경을 보게 될 것이다. 그리고 그가 손발이 묶인 채 강제로 정신 치료 약물을 먹는 모습도 봐야 할 것이다.◆

◆　　　　당시 찬드라는 서툰 한국어와 네팔어를 섞어 가며 자신이 이곳에 비자를 받고 온 노동자이며, 일하던 공장에 지갑을 놓고 왔을 뿐이라고 설명했다. 하지만 경찰과 정신병원 의료진들은 그 말에 귀 기울이지 않았고, 외려 찬드라를 억지로 가두고 강제로 약물 치료를 감행했다.

찬드라의 사례를 단지 수많은 실수와 불운의 겹침으로 설명해서는 안 된다. 찬드라의 경우는 한국 사회가 '낯선' 언어의 사용자들을 어떻게 대하는지 적나라하게 보여 준 사건이다. 여기서 낯선 언어란 한국어와 영어라는 합법적 언어, 그리고 어느 정도 위세를 가지고 있는 몇몇 언어를 제외한 언어다. 여러분이 이 땅의 이주민이라면, 한국어를 못한다는 것은, 영어를 모른다는 것은, 어느 정도 알려진 힘 있는 나라의 언어를 사용하지 않는다는 것은 곧 여러분이 재난 상황에 처해 있음을 뜻한다.

찬드라가 겪은 재난은 그가 한국어를 못했기 때문에 발생한 게 아니다. 문제는 한국어를 못하는 것을 일종의 질병으로 만드는 한국 사회였다. 한국 사회에서 한국어를 사용할 줄 모르는 것은 질병이며, 동시에 추방과 분리의 근거가 된다. 한국인들은 한국어를 구사할 수 없는 이주민들을 정상적으로 언어를 발달시키지 못한 미성숙한 존재로 본다. 그리고 미성숙한 존재는 마땅히 사회에서 격리되어야 한다.

한국인들이 전혀 알아듣지 못하는 언어를 사용한다고? 그건 여러분들이 존재하지만 존재하지 않는 자, 보이지만 보이지 않는 자가 됐다는 뜻이다. 그러니 여러분들은 정상적인 집에서 잠을 잘 권리가 없다. 잠은 비닐하우스나 컨테이너에서 자라. 여러분은 화장실을 사용할 권리가 없다. 그러니 땅을 파서 볼일을 봐라. 여러분은 공적 마스크나 재난 지원금을 받을 수 없다. 알아서들 살아남아라. 여러분들이 사용하는 언어로 재난 문자를 전송해 줄 수 없다. 비닐하우스에서 자다가 한밤중에 홍수가 밀려오면 열심히 수영하기 바란다. 재난 문자를 읽을 수 없어서 자신이 전염병 감염자와 접촉한 사실을 알 수 없어도 걱정 마시라. 한국 속담에 '모르는 게 약'이라는 말이 있다. 한국인에게 범죄 피해를 당하면 신고하시라. 다만 우리는 여러분의 언어를 모르고 여러분은 한국어를 모르니 피해자인 당신이 피의자가 되고, 피의자가 피해자로 둔갑할 수 있음을 명심하시라.

위험한 기계를 다루는 일을 해야 하는데 한국어 설명을 잘 모르겠다고? 원래 일은 좀 다치면서 배우는 거다. 일단 하면서 배워라. 기계에 손가락이 잘렸어요. 뭐라고? 그건 당신이 부주의해서 그런 거야. 제가 이해할 수 있는 언어로 기계 사용법을 알려 주셨어야죠. 뭐라는 거야. 한국어도 못하는 주제에. 한국에서는 하루 평균 7명씩 일하다가 죽어 나간다고. 뭐 그중에는 당신 같은 외국인도 있겠지. 우리가 모르는 말로 떠들지 마. 다 당신 잘못이고 우리는 할 만큼 했어. 이제 당신 나라로 돌아가기 바란다. 우리는 손가락 없는 당신이 필요 없어. 우리는 이제 다른 손가락을 구할 거라고. 우리한테는 잘라도 잘라도 일하겠다고 줄을 선 손가락들이 많단 말이야.

이거 전에 봤던 내용인가? 찬드라의 사례는 1993년의 일이다. 그러나 찬드라의 재난은 30여 년이 지난 지금도 다른 모습으로 계속되고 있다. 이는 내국인 노동자보다 외국인 노동자가 더 많은 산업재해를 당한다는 사실에서도 확인된다. 코로나19라는 희대의 재난을 겪기 훨씬 전부터 한국 사회는 이주민들에게 언어 문제를 통한 재난을 선사하고 있었다.

찬드라에 대한 영화♦까지 만들어졌지만 한국 사회는 반성하지 않았다. 그러니 당연히 새로운 찬드라들에 대해서도 전혀 관심이 없다. 한국어를 사용하지 않는 존재들은 비존재이니까. 일본의 경우, 일본어를 할 줄 모르는 외국인들이 지진에 대처하지 못해 큰 피해를 입은 것을 보고 '쉬운 일본어'를 보급하자는 운동이 일어났다. 독일에서도 독일어 능력이 부족한 이들에게 독일어가 사회적 장벽이 되는 문제를 해결하고자 '쉬운 독일어'를 제정하고 보급하려는 움직임이 있다. 물론 이런 운동은 최선의 해결책도 아니고 나름의 분명한 한계를 가지고 있다. 그러나 이런 움직임은 이들 사회가 자신들의 언어를 사용하지 않는 이들을 비존재로 취급하지는 않는다는 것을 보여 준다.

♦　　　　옴니버스 영화 〈여섯 개의 시선〉 중 '믿거나 말거나, 찬드라의 경우'(박찬욱 연출, 각본)

불행 중 다행인지, 한국 사회가 이러한 무감각에서 깨어나는 모습을 보여 주는 판결이 나왔다. 러시아 출신 노동자가 합판 절단 기계로 작업하다 손가락 3개가 잘린 사고에 대해 외국인 노동자가 이해할 수 있는 언어로 안전 교육을 해야 한다는 취지의 판결이 나온 것이다.♦

한국 영토 안에서는 오직 한국어만 사용되어야 한다는 생각에 사로잡혀 있다면, 위의 판결은 용납하기 어려울 것이다. 그러나 앞서 살펴보았듯 한국에 왔으니 한국어를 하라는 말은 당신의 의도와는 상관없이 거대한 폭력이 되어 누군가의 목숨과 손가락을 앗아 가고, 그들의 삶을 망가뜨린다. 강조하지만 어떤 재난은 언어를 바라보는 시각에서도 만들어진다.

지난해, 미국 대선 관련 사진 보도 중 나의 시선을 잡아 끈 것들이 있었다. 사진에는 한국어로 된 투표소 안내 표지판과 중국어가 쓰여 있는 투표용지가 찍혀 있었다. 영어를 거의 모르는 사람들이 영어로만 된 투표용지를 바라보는 것을 상상해 본다. 생각해 보면 이 또한 재난이다. 언어 때문에 자신과 공동체의 운명을 선택할 수 없기 때문이다. 아무튼 그 사진들은 하나의 언어, 하나의 영토, 하나의 국민이라는 환상을 깬다. 그리고 그 사진들은 내게 한국 사회 내에서 한국어와 다른 여러 언

♦　　　《시사인 692호》(2020), 올해의 이주인권 디딤돌 판결 기사 참조.

어들의 공존을 꿈꾸게 한다.

이주민들이 사용하는 언어를 인정하고, 그 언어를 한국 사회의 공적 의사소통 체계 안에서 유통시킬 필요가 있다. 이것은 우리가 만들어 이주민들에게 강제한, 그 오래된 재난을 막는 첫걸음이 될 것이다. 어렵겠다고? 그렇다면 우리에게는 얼마나 더 많은 죽음이, 얼마나 더 많은 잘린 손가락이 필요한가.

금지된 언어 1

저렇게 말하는 인간이 대통령이라니

어떤 말들은 사람들을 천천히 파멸로 이끈다. 그 말들은 모래처럼 쌓이고 쌓이다 이윽고 늪을 이루고 말들의 주인을 천천히 가라앉힌다. 설령 그 말의 주인이 한 국가의 최고 권력자라도 파멸을 막을 순 없다. 아래의 여러 장면들이 증명한 것처럼.

장면 1: "거지 같은 경험을 했어"

－1974년 4월 미국, 닉슨 대통령

1974년, 미국 역사상 최대의 정치 스캔들인 워터게이트를 막기 위해 닉슨 대통령이 그의 보좌관들과 모의한 비밀 녹취록이 공개되었다. 대화의 내용만큼이나 미국인들을 충격에 빠뜨린 것은, 닉슨의 말하기 방식이었다. 세계의 지도자라는 닉슨의 말에는 상스러움이 묻어났다. 닉슨과 그의 측근들이 나눈 대화는 '말이 안 되는' 경우가 많았다. 미국인들은 닉슨의 말에 내용이 됐든 형식이 됐든 '거지 같다'고 생각했을 것이다. 그러고는 자신도 모르게 이렇게 중얼거렸을지도 모른다. '아, 저렇게 말하는 인간이 대통령이라니.'

장면 2:   "이쯤… 이쯤 가면 막 하자는 거지요?"
      – 2003년 3월 한국, 노무현 대통령

공격적인 질문 세례가 계속되던 '검사와의 대화'에서 노무현 대통령이 검사들에게 웃으며 이 말을 던졌을 때, 그는 이 말이 자신의 발목을 붙잡을 줄은 몰랐을 것이다. 이 말은 "이쯤 되면 막가자는 거지요"라는 말로 변형되어 재생산되었고, "대통령 못 해 먹겠다"라는 발언들과 함께 그에게 '막말하는 대통령'의 이미지를 심어 주었다. 그리고 '못 해 먹겠다'는 그에게 야당은 탄핵소추를 선물했다.

박근혜 대통령이 국무회의 중 발언한 내용의 일부분이다. 일명 '박근혜 화법'이라고도 불리는 위와 같은 대통령의 발화 방식은 세월호 참사와 메르스 사태, 국정 농단 사태와 맞물려 다수의 언론 및 인터넷 커뮤니티에서 비판과 조롱의 대상이 되었다. 그리고 본격적으로 2017년, 한국인들은 모두 언어학자가 되어 대통령의 말을 분석하기 시작했다. 급기야 '박근혜 번역기'라는 패러디까지 등장했고, 언론과 여론은 대통령의 발화에 '해석 불가능'이라는 딱지를 붙였다. 그의 말은 국정 농단이라는 사건과 함께 그를 권좌에서 끌어내려야 하는 명확한 근거가 되었다.

위에서 언급한 세 사람 말고도 '저렇게 말하는 인간이 대통령이라니'라는 범주에 들어갈 최고 권력자는 전 세계에 널리고 널렸다. 이쯤 되면 '저렇게 말해야만' 대통령이 될 수 있지 않을까 하는 생각이 들 정도다.

그런데 여기서 잠깐 몇 가지 의문이 떠오른다. '저렇게 말한다'는 것은 어떤 것일까? '저렇게 말하는' 게 발화자를 파멸에 이르게 할 만큼 치명적인 실수인 것일까?

이집트에서

앞서 던져진 질문에 답하기 전에, 잠시 짬을 내서 이집트로 가 보자. 1950년대, 미국의 언어학자 찰스 퍼거슨Charles A. Ferguson(1921~1998)은 이집트에서 투탕카멘의 미라가 아닌 새로운 언어적 사실을 발굴해 낸다. 그가 발굴한 언어적 사실은 바로 양층언어diglossia 상황, 즉 이집트에서 사용되는 아랍어가 두 개의 층을 이루고 있다는 것이다.

먼저 위층의 아랍어 '프스하'. 상위어High variety에 해당하는 이 아랍어는 이슬람의 경전인 코란에서 사용되는 고전 아랍어를 바탕으로 하며 설교, 강의, 뉴스, 법률, 정치적 발언 등 공식적인 상황에서 사용된다. 이집트 사람들은 현대 표준 아랍어인 이 프스하로 책을 쓰고 읽는다. 이를테면 프스하는 공식 석상의 언어이자 글말로 기능한다.

그렇다면, 아래층은? 하위어Low variety에 해당하는 말은 '암미야'이다. 만약 당신이 이집트 길거리에서 누군가와 대화를 하고 싶다면, 프스하가 아닌 암미야를 사용해야 한다. 구어체 아랍어라고 할 수 있는 암미야는 사적인 자리에서 친구들이나 가족들과 이야기할 때 쓰이는 일상의 언어이다.

이렇게 상위어와 하위어의 사용 영역이 엄격히 분리되는 언어공동체는 심심치 않게 발견된다. 어떤 언어공동체에서는 한 언어에 속한 다른 변종들이 상위어와 하위어의 자리를 차지하기도 하지만(스위스에서의 표준 독일어와 스위스 독일어), 어떤 경우는 다른 두 언어가 상위어와 하위어로 나뉘어 사용되는 경우도 있다(파라과이에서의 스페인어와 과라니어).

그렇다면 한국은 어떨까? 한국은 양층언어 상황일까? 이 글을 읽는 대부분의 사람들은 단호하게 아니라고 할 것이다. 한국은 단일 언어 사회인데 어디서 약을 팔고 있냐고 반응할지도 모르겠다. 한국의 언어학자들도 대부분은 아니라고 단언하거나(사회언어학 개론서에는 한국은 양층언어 사회가 아니지만 다른 언어를 사용하는 이주민들의 유입으로 인해 앞으로는 어떻게 될지 모르겠다고 설명하고 있다), 어딘가 찜찜한 표정으로 대답을 망설일 것이다.

우리는 '국어'로 표상되는 단일한 언어를 사용한다. 뭐 그렇다고 한다. 하지만 당신은 지방의 학교에서 선생님께 낭랑한 표준어로 대답하던 아이들이, 자기 친구와는 진한 사투리로 이야기하는 모습을 보게 될 것이다. 내 경우, 친동생에게 영어 과외를 해 주다가 못 해 먹겠다고 생각하고 그만둔 일이 있는데, 제주 말로 동생에게 영어를 설명해야 하는 게 무엇보다 가장 힘들었다. 표준어로 강의를 해야 뭔가 잘 풀릴 것 같은데, 제주 말로 수업을 하니 선생 역할을 하는 나도 학생인 동생도 모두 제대로 집중하기 어려웠던 것이다.

교양 있고 우아한 서울 사람들은 다르지 않을까? 다시 말해 공적인 자리에서든 사적인 자리에서든 서울 사람들은 같은 한국어를 사용하지 않을까? 하지만 나는 회의를 진행할 때 동료를 이성과 합리의 화신처럼 보이게 하던 그들의 언어가 집에서 걸려 온 전화를 받고 돌변하는 것을 수없이 목격한 바 있다. 회의 석상에서의 동료의 말은 '국어'의 표상에 가까웠으나 집에서 걸려 온 전화를 받을 때의 동료의 말은 이상적인 '국어'와는 거리가 멀어 보였다.

그래서 한국은 양층언어 사회냐고? 잠시만 기다려 보시라. 우리는 단일 언어를 사용한다고 믿는다. 다시 말해 같은 장면, 같은 상황이라면 우리는 모두 동일한 언어를 사용할 것이라고 가정한다. 물론 그 언어는 표준어로 표상되는 '국어'이다. 그런데 앞서 말했듯이 우리는 국어의 이상과는 다소 거리가 있는 '뭔가 다른 언어'를 사용하고 있다.

그 언어의 이름은?

그 언어의 이름은 은폐되어 있다. 아니, 그 언어는 은폐되어 있다. 그러니 그 언어를 일단 X라고 하자. X라고 하는 이유는 X에 너무나 많은 이름이 붙기 때문이다. 예상했겠지만 이 언어가 여러 개의 이름을 가지는 까닭은 X가 여러 가지 성질을 지니고 있기 때문이다.

당신은 어떤 컴퓨터 프로그램을 돌리다가 프로그램이 작동되지 않는 것을 보고 '에라(에러가 아니라)가 나다'라고 말할 수도 있고, 그래서 '멘붕'이 올 수도 있으며 '내가 컴퓨터 실력 빼면 시체인데'라며 좌절할 수도 있다. 옷은 '뽀인뜨'를 살려 입어야 한다. '에라' '멘붕' '뭐 빼면 시체이다' '뽀인뜨'. 이런 언어들이 X다.

그렇다면 이 X를 뭐라고 부르면 좋을까? X의 한국어 명칭은 정하기가 어렵다. 그렇다면 X의 영문명을 먼저 살펴보자. X는 영어로 버내큘러vernacular라고 한다. 학자들은 이 버내큘러라는 용어를 '일상어'라고 번역하기도 하고, '사투리'나 '속어' 더 나아가 '비표준형', '낙인형'이라고 부르기도 한다. 이제 속이 좀 시원해지셨는지? 아닐 것이다. 당신의 머릿속에서 X의 정체는 여전히 오리무중일 것이다.

X, 즉 버내큘러를 일상어라고 하든 사투리라고 부르든, 그 정체를 파악하기 위해서는 버내큘러가 표준어 또는 언어 표준

과의 긴장 관계 속에 있다는 것을 알아야 한다. 이런 긴장 관계 안에서 버내큘러는 크게 세 가지 성격을 드러낸다.

첫 번째는 '일상어'로서의 성격이다. 일상어란 무엇인가? 일상어는 언어 사용자가 자연스럽게 의사소통하는 과정에서 사용되는 언어, 즉 '각 잡지 않고' 사용하는 언어다. 버내큘러는 일상생활에서 가장 많이 사용되기 때문에 소통 가능성과 효율성을 최우선으로 따진다. 다시 말해 버내큘러는 그 말이 표준형인지 아닌지, 격식을 갖추었는지의 여부를 따지지 않는다는 의미다. 이런 기준을 적용해 생각해 보면, 특정 지역의 경우 그 지역의 방언이 버내큘러가 되고, 서울에 거주하는 이라면 일상에서 편하게 사용하는 (서울)말이 버내큘러가 될 것이다.

버내큘러의 두 번째 성격은 '통속성'이다. 여기서 통속은 일반 대중의 일상적인 삶을 가리킨다. 대중들은 소통에 도움이 되기만 한다면 그것의 어원이나 형식이 무엇이든 가리지 않고 다 사용한다. 예컨대 대중은 이렇게 이야기하지 않을 것이다. "저는 자신의 이익을 챙기고 빠지는 행위를 하는 사람을 좋아하지 않습니다." 대신 이렇게 말할 것이다. "난 먹튀가 싫어." 대중의 입장에서 말이라는 것은 그저 잘 통하고 자신들의 삶을 잘 표현해 줄 수 있으면 장땡이다.

버내큘러가 가진 마지막 특징은 '구어'로서의 성격이다. 버내큘러는 일상의 의사소통 과정에서 가장 많이 사용되는 언어다. 이는 버내큘러가 직접 얼굴을 맞대고 의사를 소통하는 상황에서 사용되는 언어, 즉 구어의 성격을 가지고 있음을 보여 준다. 말하자면 버내큘러는 구어로 실현된다. 그리고 구어로 실현된다는 것은 버내큘러가 단순히 어휘 차원에서만 나타나는 게 아니라는 뜻이다. 다시 말해 버내큘러는 버스를 '뻐스'로, 센티를 '센치'로 말하는 발음의 차원에서부터 '쌩얼', '훈남'과 같은 어휘 차원, '미치고 팔짝 뛰다', 'x가 밥 먹여 주나'와 같은 관용구나 문장 차원, 더 나아가 대화의 전개 방식에서도 실현된다.

그렇다면 버내큘러, X를 뭐라고 불러야 하나? 나는 X라는 언어의 사용자인 일반 대중과 대중의 일상적 삶에 주목해 '통속어'라는 이름을 붙여 주고 싶다. 통속어라는 말 속에는 대중이라는 언어 사용자, 대중의 일상적 삶이라는 언어 사용 장면, 대중의 의사소통 양식인 '구어'라는 속성이 모두 포함되어 있기 때문이다.

X에 통속어라는 이름을 붙이고 싶은 또 다른 이유는 버내큘러가 위세가 약한 언어, 기층의 언어, 일종의 은폐된 언어임을 잘 드러내기 때문이다. 일상의 삶에서야 '에라가 났다'라고 제일 많이 말하겠지만, 만약 같은 말을 방송이라는 공식적 상황

에서 하게 된다면 뭔가 부적절하다고 생각하게 된다. 예능 방송 프로그램이었다면 이를 웃음의 소재로 다룰 것이다. 이처럼 통속어는 가장 많이 쓰이지만, 위세가 약하며 심지어 그 사용자들조차 통속어를 온전한 언어로 받아들이지 않는다는 모순을 지닌다.

1996년 미국 오클랜드 교육위원회에서 표준 영어 학습 촉진을 위해 소위 흑인 영어, 또는 AAVEAfrican American Vernacular English라고 불리는 통속어를 교육 현장에서 사용할 수 있도록 허용하자 격렬한 반대를 불러일으킨 것도 이런 모순 때문이었다. 미국 흑인 영어는 결함이 있는 언어가 아니라 영어의 많은 변이형 중 하나이며, 사용되는 상황과 대상이 다른 언어일 뿐이지만, 미국의 일반 대중은 AAVE를 온전한 언어로 받아들이지 않았다.

모두가 서슴없이 사용하고 있지만 깊숙이 은폐되어 있는 모순의 언어. 보여도 보이지 않는 언어가 바로 통속어인 것이다. 그리고 이 통속어는 한국어 언어공동체에서 아래층의 언어로 기능한다. 물론 한국인들은 자신들이 상층의 언어만을 사용한다고 생각하겠지만 말이다.

그렇다면 언어의 철저한 동질화와 평준화를 추진하는 '국어'라는 체제, 다시 말해 국가의 모든 구성원이 모든 장면에서 동일한 언어를 사용할 것을 요구하는 '국어' 체제에서 통속어가 노출되는 경우, 어떤 일이 발생할까? 우리는 그런 사례를 이미 익히 알고 있다. 위에서 살펴본 두 한국 대통령의 사례가 그러하다.

(다음은 128쪽 〈금지된 언어2〉에서 계속된다.)

* 금지된 언어 3부작은 백승주, 「정치 담화에 나타나는 '통속어'에 대한 언론의 담론 구축 양상 연구」, 『기호학연구 52권』 (2017)을 바탕으로 하였음.

2.

이제 승리에 취한 이들은
열 꼬마 인디언 노래처럼
이 광장에서 소수자의 목소리를
하나씩 사라지게 할 것이다.
그리하여 아홉이 남고, 여덟이 남고…
둘이 남고, 하나가 남을 것이다.
그리고 이 광장에는,
아무도 없을 것이다.

지금, 여기
말들의
풍경

: 폭력과 재난,
  혐오와 차별의 현장에서

말들의
풍경

후라이드 반 양념 반은 아니고, 학자로서 질투심 반 부러움 반에, 치킨 무 정도의 절망감을 덤으로 느끼며 한 강연 동영상을 봤다. 인지과학자이자 MIT의 교수 뎁 로이의 TED 강연 〈단어의 탄생〉이다. 뎁 로이는 병원에서 태어난 아들이 집 현관문으로 들어오는 순간부터 3년간 자신의 집에서 일어나는 일을 통째로 녹화한 후, 아들의 언어 습득 과정을 추적했다. 언어 습득에 관심이 있는 연구자라면 한 번쯤 꿈꾸었겠지만, 여러 이유로 모두가 불가능하리라 생각했던 일을 해낸 것이다.

　가가. 구가. 와다. 와덜. 워터. 뎁 로이는 마술사처럼 반년의 시간을 40초로 압축해 아들이 '물'이란 단어를 습득하는 과정을 보여 준다. 그의 연구 팀은 간단하게 인간에게서 특정한 단어가 탄생되는 과정을 추적할 수 있었다. 더 부러운 것은 그의 분석 틀이 시간의 축만 추적하는 것이 아니라, 공간의 축도 재현한다는 점이다. 예컨대 어떤 장소와 상황에서 누가 아들에게 '물'이라고 말하고, 아들은 이에 어떻게 반응하는지를 살펴보는 식이다.

이렇듯 시간과 공간을 연결해 시각화하면 말들의 지형이 생겨난다. 물이란 말은 부엌에서 높은 봉우리를 이루고, 안녕이라는 말은 현관에서 언덕을 이루는 식이다. 아이들이 자라는 곳은 현관, 거실, 부엌이라는 물리적 공간만이 아니다. 아이들은 이 공간 안에 구축되는 보이지 않는 언어 풍경 속에서 성장한다. 부엌에서는 반찬을 골고루 먹으라는 말이, 거실에서는 뛰어다니지 말라는 말이, 책상에서는 다리 떨지 말고 잘 앉아 있으라는 말이 쌓인다. 이렇게 생각해 보면 말들은 공간과 얽히며 인간의 신체와 행동을 규율한다는 것을 알 수 있다. 다시 말해 특정 공간의 언어 풍경 속에는 그 안에 살고 있는 인간에게 허용되는 (말)행위와 허용되지 않는 (말)행위가 규정되어 있다.

그렇다고 아이들이 일방적으로 환경의 영향을 받기만 하는 것은 아니다. 아이들은 자신들을 둘러싼 환경과 교섭하면서 지형을 만들어 낸다. 말을 가르치고 배울 때 양육자와 아이 사이에는 무의식적인 피드백 고리가 구축되는데, 말들의 풍경은 이 고리의 순환 속에서 탄생한다. 이를테면 말들의 풍경을 만든다는 것은 '말을 가르치고 배우는 것 그 자체'인 셈이다.

그렇다면 지금 한국인들이 빚어내고 있는 말들의 지형은 어떤 모습인가? 한국인들은 어떤 말들을 서로에게 가르치고 배우고 있는가? 뎁 로이처럼 분석하지 않아도 한국 사회에서 거대한 산맥과 광대한 평야를 이루고 있는 것은 혐오와 차별의 언어임을 알 수 있다. 증거? N번 방 사건의 피해자들에게 피해자다움을 강요하는 것을 보라. 죽음을 택한 정치인의 성폭력 피해자에게 그 죽음의 책임을 묻고 2차 가해를 하는 행태를 보라. 차별을 법으로 금지하자는 움직임을 신의 이름으로 저주하는 모습을 보라.

이것이, 한국의 '교육'이다. 많은 한국인들은 거리낌 없이 혐오와 차별의 언어를 가르치고 배운다. 이 교육 속에서 소년들은 여성을 성적 욕망을 위한 도구라고 배운다. 이 교육 속에서 상급자는 위력으로 하급자를 유린할 수 있다고 배운다. 무엇보다도 한국 사회는 이 교육을 통해 여성, 장애인, 성소수자, 이주민, 난민들에게 말하지 말 것을 강요한다. 요컨대, 혐오와 차별의 산맥 사이, 깊은 계곡에 갇힌 이들의 목소리는 지층 밑에 묻혀서 들리지 않아야 한다. 이들의 말은 지형을 이루고 풍경을 만들 권리가 없다.

한국 사회의 언어 풍경은 워낙 강고해서 산이나 바다와 같은 자연의 지형처럼 여겨진다. 그러나 이 풍경은 허물고 부술 수 있는 인공적인 구조물에 불과하다. 그러니 이제 말해야 한다. 피해자와 연대한다고. 차별에 반대한다고. 그래야 지형을 이룰 수 있고, 그래야 이 지옥도와 같은 말들의 풍경을 바꿀 수 있다.

어느
식민지 출신의
고백

"저도 사실 여러분과 같은 외국인이에요."

수업에서 만난 외국 학생들에게 나는 보통 이렇게 나 자신을 소개하곤 한다. '에이' 믿지 못하겠다는 표정을 한 학생들에게 나는 쐐기를 박는다. "한국어는 제 두 번째 언어예요. 저는 어느 나라 사람일까요?" 어리둥절해하는 학생들을 보면서 나는 살짝 힌트를 흘린다. "바다를 건너왔어요. 1시간밖에 안 걸려요."

이쯤 되면, 이 글을 읽는 이들도 내가 어디서 왔는지 알아차릴 것이다. 나는 환상의 섬이라고 불리는 '그곳'에서 왔다. 학생들은 내 말을 실없는 농담으로 받아들이지만, 나는 정말로 내가 일종의 외국인이라고 여긴다. 아니, 더 정확히 표현하는 것이 좋을 것이다. 나는 식민지 출신이다. 나는 내가 나고 자란 그곳이 한국의 내부 식민지라고 생각한다. (한국인 여러분 기뻐하세요, 여러분에게도 착취해서 뽑아 먹을 식민지라는 것이 있습니다. 더 충실하게 착취당하기 위해 두 번째 공항도 지을 예정이에요.)

　문학평론가 김동현은 '그곳'을 '우리' 안의 식민지[*]라고 에둘러 표현했지만, 사실 그곳은 한 번도 제대로 '우리'로 대접받은 적이 없다. 그곳은 먼 과거부터 정주민의 고혈을 뽑아 본토에 없는 자원을 제공하는 식민지였고, 이는 지금도 마찬가지다. 그곳은 한국을 위해 '평화의 섬'도 되어 주고, 동시에 '해군 기지'도 제공한다. 최근 그곳이 한국인들을 위해 생산하는 특산물은 '힐링'과 '낭만'이다. 그곳은 뭐 하나 버릴 것 없는 기특한 생선 같은 곳이다.

　내가 식민지 출신임을 새삼스럽게 밝히는 이유는 4월이 오고 있기 때문이다. 그곳의 4월에는 4·3, 이 두 숫자로 불리는 이름 없는 사건이 있다. 식민지에서 나고 자랐지만, 대학에 들어가기 전까지 나는 이 숫자가 무엇을 의미하는지 전혀 알지 못했다. 할머니께 4·3에 대해 물었을 때 '속솜허라(조용히 해

---

[*]　　　김동현, 『제주, 우리 안의 식민지』(2016), 글누림.

라)'라고 하신 까닭도, 할아버지께서 학살당했다는 사실도 알 수 없었다. 섬 전체가 봉쇄당했고, 그 안의 모든 이들이 죽음으로 내몰렸다는 것도 몰랐다. 오늘날 관광지로 각광받는 곳 중 많은 장소가 학살터였다는 것 또한.

나의 가족과 공동체의 집단 기억이 깨끗이 소거되어 있음을 발견하는 일은 어쩐지 초현실적으로 느껴졌다. 학살자를 선, 희생자를 악으로 여기는 이들이 있다는 사실은 더 기이한 일이다. 그렇게 국가는 식민지인들을 입이 없는 존재, 기억할 권리가 없는 존재로 만들었다. 그렇게 만든 이유는 간단하다. 나와 내 공동체의 기억은 한국이라는 국민국가의 서사에 편입되어서는 안 되는 것이기 때문이다. 대통령의 사과가 있었지만, 여전히 4·3은 이름을 붙여서는 안 되는 회색의 사건으로 남아 있다.

이름 붙일 수 없다는 것은 그것에 대해 침묵을 강요하는 것이며, 그곳이 여전히 식민지임을 보여 주는 증거다. 명명이란 현실을 만들고 구성하는 실제적인 '행위'이며 반대로 '명명하지 않는 것' 역시 똑같은 '행위'라는 점에서 그렇다. 예컨대 5·18을 '80년대 무슨 사태'라고 말하며 그 이름을 부르지 않는 것은 적극적으로 광주의 기억을 은폐하고 억압하는 행위이다. 반면 5·18을 '민주화운동'이라고 명명하는 것은 5·18의 순간들을 다시 현재로 소환하여 끊임없이 창궐하는 거짓들과 맞서 싸우는 행위가 된다. 요컨대 어떤 명명은 현실을 은폐하고 왜곡하지만, 또 다른 명명은 억압을 드러내어 그 아래 숨겨진 이야기를 들려주고, 세상을 변화시킨다.

콜센터에서부터 택배 노동자, 간병인, 이주민들의 삶에 이르기까지 감염병이 몰고 온 재난은 우리가 어떤 내부 식민지의 희생 위에 서 있는지, 그들의 이름과 이야기를 얼마나 억압했는지를 보여 주었다. 너무나 초현실적인데 또 너무 현실적이어서 슬퍼지는 풍경이다. 그리고 또 4월이 온다. 식민지 출신이면서도 그 많은 내부 식민지의 존재를 몰랐던 나는 자꾸만 부끄러워진다.

4·3은 여전히 이름이 없다.

당신의 혐오가
당신을
찾아온다

당신은 지하철을 타고 간다. 마스크 부족으로 모두가 아우성 치던 코로나19 사태 초기다. 당신은 가족들이 쓸 마스크를 구하려 했지만 허탕만 치고 돌아오는 길이다. 마스크 없는 당신의 얼굴에 사람들의 시선이 따갑게 꽂힌다. 애써 외면하며 스마트폰을 열어 속보를 확인한다. 모 환자가 어느 지역을 활보하고 다녔다는 기사다. 당신은 분노한다. 전파자들은 부주의하고, 몰상식하다.

당신은 댓글에 전파자를 구속하고 처벌해야 한다고 쓴다. 모든 것을 추적해서 공개하고 망신을 줘야 한다고 쓴다. 짧은 글이지만 정의가 실현됐다. 댓글 안에서 당신은 정의의 사도다.

며칠 후. 당신은 감기 기운을 느낀다. 공포를 달래기 위해 당신은 며칠 전 쓴 댓글을 다시 확인한다. 많은 이들이 '좋아요'를 눌렀다. 위안이 된다. 정의는 살아 있다.

당신이 쓴 댓글의 세계에는 '먹사람'이 산다. 먹사람이란 종이 위 먹물로 만들어진 사람이다. 인간이 이야기에 빠져드는 이유를 탐구한 조너선 갓셸Jonathan Gottschall(1972~)은 이 먹사람이 세상을 바꾼다고 말한다.✦ 해리엇 비처 스토가 쓴 『톰 아저씨의 오두막』의 먹사람은 노예제도를 폐지시켰다. 반유대주의자 바그너의 오페라 〈리엔치Rienzi〉의 먹사람은 히틀러라는 열여섯 살 소년을 감화시켜 그 소년이 책을 태우고, 사람을 태우고, 온 세상을 태우게 만들었다.

먹사람이 세상을 바꿀 수 있는 이유는 인간의 머릿속에 어설픈 셜록 홈즈가 살기 때문이다. 이 셜록 홈즈는 애매한 단서에서 원인과 결과가 분명한 그럴싸한 이야기를 만들어 낸다. 그것이 가짜여도 상관없다. 그 이야기가 아무 의미 없는 세상에 질서를 부여하기만 한다면.

셜록은 우리가 코로나 관련 언론 기사를 볼 때도 출동한다.

✦　　조너선 갓셸, 『스토리텔링 애니멀』(2014), 민음사.

그는 우선 '큰 걸음으로 힘차고 당당하게 걷다'를 뜻하는 '활보하다'라는 말에 주목할 것이다. 바이러스가 한국에만 오면 사람들을 더 건강하게 만드는 것인지 모르겠지만 이상하게도 한국의 언론들은 감염자들이 '거침없이', '활보하고' 다녔다고 전한다.

탐정은 이 어휘에서 파렴치한 악당을 떠올릴 것이다. 활보는 자격이 없는 자가 허락되지 않은 공간을 침입하는 것을 암시하기 때문이다. 활보는 '범죄자'가 하거나, '속옷 차림'으로 '당당하게' 하는 게 아닌가? 따라서 '활보하다'라는 동사의 주체는 의도치 않게 전염병에 감염된 피해자가 아니라, 자신의 의지대로 상황을 통제할 수 있는 가해자가 된다. 능동적으로 행동하는 사람을 암시하는 '전파자'라는 말도 가해자 만들기에 동원된다.

이쯤 되면 감염자들이 악당이 아닌 게 이상할 정도이다. 뒤죽박죽인 상황이 극적이고 깔끔한 서사로 정리된다. 원인(파렴치한 전파자 악당)이 있고 결과(감염)가 있다. 그리고 악당을 뒤쫓는 추적극이 있다. 이 서사는 자연스럽고 설득력 있는 혐오를 낳는다. 이제 정의가 실현돼야 한다. 그 임무는 독자들이 혐오의 DNA로 만든 먹사람들에게 주어진다. 혐오의 먹사람들은 악당의 자리에 특정 국적, 지역, 집단을 채워 넣고 이들만 제거하면 문제가 해결된다고 주장한다. 손쉽고 간편한 정의 구현이다. 그러나 우리는 이 먹사람들이 세상을 파멸로 이끌었다는 것을 익히 알고 있다. 아우슈비츠가, 간토가, 4·3이 이를 증명한다.

코로나 19 사태가 말해 주는 진실은 명확하다. 우리는 모두 연결되어 있으며, 따라서 연대와 협력, 지지만이 문제를 해결할 수 있는 유일한 방법이라는 사실이다. 그러니까, 지금 우리가 바이러스만큼 두려워해야 할 것은 모든 것을 망쳐 버릴 '혐오'의 슈퍼 전파와 대량 감염이다.

다시 당신의 이야기로 돌아가 보자. 증세가 악화되어 당신은 급기야 확진 판정까지 받는다. 이제 당신은 진정으로 두려운 것은 감염이 아니라 사회적 고립과 낙인이며, 정말로 필요한 것은 조건 없는 사회적 지지임을 깨닫는다. 그러나 언론은 당신을 재난의 피해자가 아닌 파렴치한 가해자로 만들어 판매할 것이다. 그리고 당신의 먹사람과 그 자손들에게 당신을 던져 줄 것이다. 그렇게, 당신의 혐오가 당신을 찾아온다.

긴
의자

막장에서 나온 그는 신선한 공기를 들이마신다. 지상의 빛과 함께 그의 눈과 귀로 독일어가 달려든다. 그에게 독일어는 석탄처럼 깜깜한 언어다. 보이지도 않고, 들리지도 않는다. 1970년대 어느 해의 6월. 한국인 광부는 긴 의자에 앉아 독일 광산 노조의 파업 독려문을 펼쳐 든다. 광부는 한 줄 한 줄 곱씹으며 읽는다. 거기, 한국어가 있다.

한국 회원 여러분께. 우리들은 노동자로서 기업주에 대항하여 쟁투할 수 있습니다. 단결은 언제나 국경을 초월해서 가치 있는 일입니다. 우리는 함께 투쟁하십시다… 독일인 동지가 여러분들을 도와줄 것입니다.

그로부터 40여 년 후. 남해 파독기념관에서 나는 그 광부의 파업 독려문에 붙들려 있었다. 내가 붙들린 이유는 이 문서가 '조국 근대화를 위해 자신의 인생을 희생한 사람들'이라는 파독 광부들에 대한 한국 사회의 서사에 균열을 내고 있었기 때문이다. 이 서사의 완성도를 높이기 위한 필수 요소는 파독 광부들이 독일 사회로부터 받는 핍박이다. 이 이야기의 절정은 파독 광부들이 독일 사회로부터 추방되고 고립되는 장면, 모욕받고 차별받는 장면에서 만들어진다. 그들은 그 핍박 속에서도 조국 근대화를 위해 외화를 벌어 조국으로 보낸다.

그러나 이 파업 독려문은 한국인 노동자들과 연대하는 이들, '독일인 동지'들이 있었음을 말해 준다. 그러니까 광부들은 극한의 노동환경에 내몰렸을망정, 독일 사회 밖으로 추방된 존재들은 아니었다. 무엇보다도 파업 독려문은 파독 광부가 '온전'하게는 아니더라도 독일 사회에서 성원권成員權을 가지고 있었음을 증명한다.

왜냐고? 사회란 사람들끼리 '말을 섞는 순간' 만들어지기 때문이다. 다른 말로 어떤 이들을 소통의 대상으로 인정하지 않으면, 이들은 사회에서 배제된 '없는' 존재가 된다. 이제 파업이라는 '사회 제도'가 언어로 작동된다는 사실을 상기해 보자. 이 파업 독려문은 한국어도 독일의 사회 제도를 작동시키는 '언어'에 포함되었음을, 파독 광부들이 '함께 사회를 만들어 내는' 소통의 대상이었음을 보여 준다.

파업 독려문을 읽고 난 후 한국 땅에서 살아가는 이주민들을 떠올렸음을 고백해야겠다. 한국인들은 이주민이나 외국인 노동자라는 말에 보이지 않는 투명한 괄호를 친다. 요컨대, 그들은 보이지만 보이지 않는 존재. 그들이 보이지 않는 존재라는 사실은 이주민들이 재난 경보라는 공적인 의사소통에서 배제되는 것에서도 확인할 수 있다. 한국어로만 된 재난 문자가 당도하겠지만 그 문자는 그들을 재난으로부터 구하지 못한다. 그 문자는 한국 사회가 이주민들을 소통의 대상으로 삼지 않음을, 그들에게는 성원권이 없음을 보여 준다. (한국 사회가 이주민들을 구성원으로 인정했다면 다국어 문자 시스템 구축에 얼마가 들든, 그들을 보호하기 위한 시스템을 만들었을 것이다.) 이때 한국어는 언어로 만들어진 분리 장벽이다. 이렇게 우리는 언어로 우리 안의 '외부'를 만들고, 250만 이주민들을 그곳으로 추방시킨다.

매일 이를 확인시켜 주는 소식이 들려온다. 일본 조선 학교의 학생들에게 마스크 지급이 배제되었다는 소식에는 분노하지만, 이주민들이 공적 마스크를 살 수 없다는 사실은 뉴스가 되지 못한다. 이주민들이 긴급재난지원금을 받지 못한다는 사실은 자연의 법칙처럼 자명하게 받아들여진다. 그러나 우리 안의 '외부'는 자기기만이요 허상이다. 이 사회의 진짜 모습이란 긴 의자에 이주민을 포함한 수많은 '우리'들이 뒤섞여 함께 앉아 있는 것에 가깝다. 우리는 분리되어 있지 않고 분리될 수도 없다.

남해의 봄날, 파독 광부가 긴 의자에 앉아 파업 독려문을 읽는 꿈을 꾼다. "단결은 언제나 국경을 초월해서 가치 있는 일입니다. 우리는 함께 투쟁하십시다." 그 광부의 옆에는 우리 모두가 함께 앉아 있다. 그리고 각자 다른 언어로 즐겁게 떠들고 있다.

그 긴 의자에는 장벽이 없다.

분노를
팝니다

손의 떨림이 느껴진다. 그는 황급히 자신의 감정을 표현할 단어를 찾은 듯하다. 항의인지 협박인지 비아냥인지 잘 구분이 되지 않는 메시지가 여기저기 꼬여 버린 문장들 속에 산발적으로 박혀 있다. 덜걱거리는 그 문장들은 그의 분노가 급하게 터져 나간 흔적이다.

내가 쓴 글에 대한 익명의 항의 메일을 받을 때가 있다. 그럴 때면 나는 잠시 두근거리는 가슴을 진정시킨 후 하고 싶은 이야기가 무엇인지 생각하며 그 글을 다시 읽어 본다. 그에 따르면 한국 사회에는 이주민이나 난민에 대한 혐오나 인종차별이 없다. 오히려 한국인들이 억울하게 당하는 판이다. 삭제 전 메일 전체를 검시관처럼 뜯어본다. 반복되는 숫자와 알파벳을 대충 엮어서 만든 메일 주소는 급하게 만들었다는 게 티가 난다. 한시라도 빨리 가시 박힌 말들을 보내야겠다는 살기가 전해져 온다. 메일을 쓴 이는 말 그대로 '분노에 사로잡혀 있다'.

분노의 흔적을 확인하면서 제일 먼저 떠오르는 생각은 '아니 뭘 이렇게까지?'이다. 메일을 쓴 사람의 입장을 상상해 본다. 새로운 메일 주소를 만들고, 상대방이 기분 나빠할 만한 문구와 내용을 창작해 내고, 마지막으로 잊지 않고 '다시 한번 또 그러면…'류의 경고를 배치하고. 아이고, 많이 애쓰셨네. 그의 수고로움이 안타까워 나는 문득 미안해진다.

항의인지 협박인지 구분 안 가는 메일을 받은 내가 왜 미안해지는 것일까? 그것은 아마도 메일을 보낸 사람의 주장에는 동의할 수 없지만, 그의 감정은 '순수'하다고 여기기 때문일 것이다. 분노는 불이다. 불꽃은 그 안에 아무것도 허용하지 않는다. 메일을 보낸 사람의 분노에는 어떤 계산이 끼어들 여지가 없다. 분노는 언제나 순수하다.

그런 분노가 지금은 인터넷 산업이 대량으로 생산하는 공산품이 되었다. 그것도 가장 잘 팔리는 상품이다. 오늘도 구매자들은 매력적인 분노 상품을 찾아 인터넷 공간을 기웃거린다.

사람들은 기사의 답글에, 자신의 SNS에 방금 쇼핑해 온 따끈따끈한 신상 분노를 전시한다. 소금의 생산과 유통이 고대 문명의 기반이 되었고, 향신료라는 상품이 근대를 만들었다면, 분노라는 상품은 21세기 사회를 건설(파괴?) 중이다.

왜 분노는 매력적인 상품이 되었는가? 이를 알기 위해서는 우선 우리말의 '화'라는 감정과 '분노'를 비교할 필요가 있다. 이 두 단어는 같은 감정을 가리키지만, 사회라는 맥락 안에서 이 둘은 다른 감정이 된다.

우리는 감정에 이름을 붙인다. 이는 곧 감정이 사회적인 구성물이라는 뜻이다. 이름, 다시 말해 언어는 사회적인 체계 안에서 작동하는 것이기 때문이다. 따라서 모든 감정은 사회적인 것이다. 하지만 차이가 있다. '화'는 통상 개인적인 것, 그리고 부정적인 것으로 인식된다. 때문에 '화'는 내 봤자 별 이득이 없는 감정이다. "난 화가 나"라고 말하면 돌아오는 반응이란 "너 왜 그래? 좀 참아!"라는 말뿐이다.

그러나 분노라는 감정은 경우에 따라 긍정적으로 받아들여진다. 분노는 현실을 자각하게 하고 때로는 자신의 능력을 발견하게 한다. 액션 영화나 드라마에서 주인공은 분노를 통해 각성하고 엄청난 괴력을 발휘해 고난을 해결한다. 그리하여 그는 삶의 의미를 찾은 인간이 된다. 더 나아가, 성경에 나오는 '의로운 분노'라는 말처럼 분노는 유용함을 넘어 성스러운 감정이 될 수도 있다.

　분노는 극장의 감정이다. 분노는 동조해 줄 관객이나 동료를 필요로 한다. 이런 이유로 분노하는 이들은 분노로 연결된 가상의 공동체를 상상한다. 그래서 사람들은 '나는 분노한다'라고 선언하거나, '분노하라!'라고 호소하고, '당신은 왜 분노하지 않는가?'라고 질책할 수 있는 것이다. 분노는 공동체 안에서 더 잘 작동한다.

　이목을 끌어야 돈이 되는 인터넷 '주목 경제'가 분노를 매력적인 상품으로 여기는 까닭은 여기에 있다. 분노는 사회적으로 가치가 높은 감정이다. 분노하는 사람은 이 감정을 통해 자신이 이 불의한 세상에서 정의로운 행동을 한다는 효능감을 느낀다. 분노의 이점은 이것만이 아니다. 분노를 표하는 것은 사회적 평판을 얻는 데도 도움이 된다. 우리의 주의력이 한정적인 자원이라면 분노라는 감정은 그 한정된 자원을 사용해 구매할 만한 가치가 있는 것이다.

　분노가 매력적인 상품인 또 다른 이유가 있다. 분노할 때 사람들은 자신들이 진실의 편에 서 있다는 느낌을 받는다. 분노는 '거짓을 말하지 않는' 몸으로 느껴지고 표출되기 때문이다. 그러나 분노 자체는 분노를 일으킨 이유가 사실에 기반한다는 것을 보증하는 표지가 되지 못한다.

　분노 상품의 거간꾼들이 이용하는 게 바로 이 지점이다. 그들은 진실에는 관심이 없다. 거간꾼들은 분노의 재료가 된다면 무엇이든 이용한다. 그것이 가짜 뉴스든 뭐든 그들은 상관하지 않는다. 어차피 분노로 포장되면 우리는 그것을 진실로 느낄 테니까. 그래서 혐오도 성스러운 분노로 포장하여 상품화된다. 미국의 저널리스트 맷 타이비는 이를 증오 판매라고 비판한다. 그러나 나는 증오보다는 분노를 판다고 하는 게 더 적절한 표현이라고 생각한다. 사람들은 증오를 사고 싶어 하지 않는다. 그러나 분노는 기꺼이 사고 싶어 한다. 분노라는 포장 안에 싸여 있는 것은 결국 혐오이겠지만 말이다.

사례를 들자면 끝도 없다. 유튜브와 각종 SNS에는 가짜 뉴스와 혐오를 분노로 포장하는 콘텐츠들이 차고 넘친다. 언론도 중립을 지키는 척하며 혐오를 분노로 바꿔치기한다. 최근 사례로는 다음과 같은 기사 제목이 있다.

〈'페미 안산 메달 반납해야' vs '선수 보호해야' 갑론을박〉
─파이낸셜뉴스(2021년 7월 29일)

'숏컷'을 한 여자 양궁 선수. 경기력과는 무관하게 그가 여초 커뮤니티에서 많이 쓰이는 말들을 사용하므로 '페미'이며, 그러니 메달을 '박탈'해야 한다는 논란을 다루는 기사의 제목이다. 여기에서 혐오 발언을 세탁해 분노로 만드는 방식은 다음과 같다. 먼저, 혐오 발언을 '인용'해 기사 내용의 해석 틀 역할을 하는 제목에 배치한다. 제목에 배치되었다는 것은 그 메시지가 그만큼 중요하다는 것을 암시한다. 다음으로 인용의 의사소통적 효과. 인용은 그저 남의 말을 가져오는 역할만 하지 않는다. 대화나 텍스트에서 인용이 주는 효과 중 하나는 인용된 메시지가 실재하는 현실임을 보여 주는 것이다. 인용은 강력하고 생생한 증거다.

이런 과정을 통해서 안산 선수가 소위 '페미'이니 메달을 반납해야 한다는 발언의 논리는 수용 가능한 상식이 된다. 비상식적인 온라인 학대 행위는 이렇게 정상성의 지위를 얻는다. 혐오를 분노로 승격시켜 인준해 주는 순간이다. 여기에 덧붙여 이 기사에서는 '갑론을박'과 같은 중립적인 표현을 사용하는 전략을 구사한다. 이 전략은 앞의 전략과 마찬가지로 혐오 발언에 정상성을 부여하고, 더 나아가 그 발언을 대표성을 가진 것으로 기정사실화한다.

이렇게 분노 산업의 언어는 실재를 왜곡시킨다. 그리고 그 왜곡된 언어는 다시 일그러진 실재를 구축한다. 이 무한 반복의 개미지옥에 빠져 한국 사회는 한 걸음도 앞으로 나아가지 못하는 것 같다. 차별을 금지하는 방안을 논의하자고 할 때, 그것은 차별이 아니라 정당한 분노라는 말로 다시 논의를 원점으로 돌리는 식이다.

여기까지 쓰고 뉴스를 읽다 보니 이런 기사 제목이 뜬다.

〈'너네 나라로 가라', '아프간 난민' 수용 두고 시민들
찬반 격론〉
-머니투데이(2021년 8월 19일)

아놔, 진짜로. 혐오를 분노로 가공해 판매하는 한국의 분노
산업은 여전히 활황이다.

금지된
글

지금 이 글을 쓰는 일은 금지되어 있다. 금지된 것을 읽는 것은 재미있는 일이고, 신나고 멋진 일이기도 하다. 물론 금지되었다니 내용이 무엇인지 상상하면서 자꾸 읽고 싶어지는 경우가 생길 수도 있다. 그러나 보기가 상당히 민망할 정도로 적나라할 수 있고 심하면 조기 축구회 가입의 우려(응?)까지 있는 노골적인 표현을 만날 수도 있다. 그러니 읽기 전에 잘 생각해 보시기 바란다.

이 글을 쓰는 것은 금지되어 있는데, 손은 자꾸 타자를 치고 있다. 아 이러면 안 되는데, 나도 정말 안타깝다. 이게 모두 아이들을 걱정하는 어느 국회의원의 말씀 때문이다. 의원께서는 50년 전에 출판된 『아기는 어떻게 태어날까?』라는 아동 성인지 감수성 교육 도서에 대해 "조기 성애화 우려(응?)까지 있는 노골적 표현이 있으며 성교 자체를 '재미있는 일' '신나고 멋진 일' '하고 싶어지거든' 등으로 표현하여 보기가 상당히 민망할 정도로 적나라하다"라고 평가하시었다. 그리고 의원의 말씀에 여성가족부는 대오각성하여 7종의 책을 후다닥 회수하기로 결정했다. 이렇게 해서 7종의 책은 이 시대의 금서가 되었다.

금서로 유명한 책들은 많지만 개인적으로 내게 의미 있는 금서는 『성자가 된 청소부』라는 책이다. 군 생활을 했던 부대에서 지정한 불온서적이었기 때문이다. 이 책이 금서가 된 과정은 이렇다. 어느 날 행정병에게 한 장교가 사무실 청소를 명했고, 그 행정병은 청소를 하다 말고 『성자가 된 청소부』를 읽었다. 그런데 장교가 우연히 그 광경을 보고 대노하였다. 그리하여 그 책은 부대 내에서는 읽을 수 없는 불온서적이 되었다.

이 세상 모든 금서는 통제할 수 없는 것에 대한 두려움과 분노에서 만들어진다. 앞선 이야기의 장교 역시 통제되지 않는 부하(정확히는 청소하지 않는 부하)에 대해 분노했고, 그 결과로 『성자가 된 청소부』를 금서로 지정했을 것이다. 국회의원의 입을 스피커로 삼은 보수 종교 단체와 언론도 같은 마음이었을 것이다. 그들에게 성이란 (통제하고 싶지만) 통제될 수 없는 것이며, 저쪽 구석에 치워져야 하는 것, 가리고 숨겨야 하는 것이기 때문이다.

읽기 과정을 연구한 케네스 굿맨Kenneth Goodman(1927~2020)은 좋은 읽기란 '올바른 기대'를 가지고 그 기대를 검사하는 것이라고 말한다. 다시 말해 읽기란 단순히 글씨를 해독하는 과정이 아니다. 독자는 자신이 가지고 있는 세상에 대한 지식과 기대라는 틀로 새로운 정보를 이해한다. 이게 무슨 말이냐 하면, 어떤 것을 읽기 전에 '요상한' 것을 기대하면 '요상한' 것을 읽게 된다는 말이다. 발표된 지 벌써 50년이나 된 오래된 발견이다(굿맨은 정말 좋은 사람이다).

다시 통제에 대한 이야기로 돌아가 보자. 인간은 언어를 통해 끊임없이 세상을 통제하려 한다. 실험을 하나 해 보자. 여기 두 사건이 있다. 철수는 배가 아팠다. 철수는 차를 마셨다. 이 두 개의 사건은 아무런 인과관계가 없는 별개의 사건이다. 이제 이 두 사건의 순서를 바꾸고 '그리고'라는 말로 이어 보자. '철수는 차를 마셨다. 그리고 철수는 배가 아팠다.' 이렇게 두 개의 문장이 이어지면 우리는 본능적으로 두 개의 사태를 인과관계—차를 마셨기 때문에 배가 아팠다—로 묶어 버린다. 이렇게 해서 세상은 이해할 수 있는 것, 다시 말해 통제할 수 있는 것이 된다.

언론의 보도문에서는 이처럼 문장이나 정보를 재배열해 사실을 재구성하거나 정보를 왜곡시키기도 하는데, 이러한 수법을 '절합articulation✦'이라고 한다. 이 기법의 끝판 왕은 요즘 우리가 수없이 목도하고 있는 가짜 뉴스들이다. 위에서 소개한 국회의원의 발언도 마찬가지다. 국회의원은 맥락을 무시하고 추출한 책 내용에 자신의 발언을 슬쩍 끼워 인과관계의 서사를 만들어 냈다. 7종의 책을 읽으면 그 결과로 '조기성애화(이 칼럼을 읽으면 조기 축구회에 가입하게 된다는 헛소리만큼이나 실체가 없는, 텅 비어 있는 허수아비 같은 개념이다)'가 되고, 동성애가 '조장'되며, '수간'을 정상적인 것으로 여기게 된다는 것이다. 7종의 책은 이렇게 창조과학적으로 재창작되었다.

국회 교육위원회에서 해당 발언을 한 국회의원은 TV 뉴스의 앵커와 같은 역할을 했다. 바다를 떠다니는 배를 닻(앵커)으로 정박시키듯이, 앵커는 많은 정보로 가득 찬 뉴스에서 핵심을 뽑아 시청자들의 뇌리에 고정시킨다. 책을 읽어 보지 못한 사람들에게 국회의원 앵커는 7종의 책을 '초등학생에게 성관

✦　장경현, 「절합에 의한 신문 보도 텍스트의 사건 재구성 방법 연구」, 『동남어문논집 35호』(2013), 동남어문학회, 27~29쪽.

계를 장려'하는 것으로 정박시켰다. 그 과정에서 성 평등 교육을 위한 책을 선정하기 위해 많은 창작자, 비평가, 교육 전문가들이 거쳤던 치열한 연구와 토론의 과정은 깨끗하게 증발되었다. 국회의원 앵커가 만들어 낸 텍스트는 언론을 통해 유통되었고, 7종의 책에 대한 창조과학적 해설은 사실이 되어 버렸다. 그러나 텍스트는 아직 완성되지 않았다. 이 텍스트를 완성시키는 것은 이 내용을 다룬 언론 기사에 달리는 혐오 댓글이다. 댓글의 내용들은 여지없이 '동성애 반대'와 '차별금지법 반대'의 내용으로 채워진다. (현대 과학은 동성애를 반대하는 것이 어떤 이의 눈동자 색깔을 반대하는 것만큼이나 부질없다는 사실을 밝혀냈다.) 이렇게 완성된 텍스트는 많은 블로그와 인터넷 카페로 재유입되어 다시 혐오에 대한 담론을 만들어 낸다. 참으로 은혜로운 순환이다.

국회의원은 나다움 어린이책을 혐오스러운 것으로 분류했고, 이를 바탕으로 국회에서 문제를 제기했다. 나는 그가 문제를 제기한 것 자체에 대해서는 큰 이의가 없다. 정치란 세상에 질서를 가져온다고 믿는 범주에 따라 세상사를 분류하는 일이고, 그래서 그는 자신의 정치를 했을 뿐이다. 내가 문제 삼고 싶은 것은 여성가족부와 교육부, 그리고 그 수장들의 직무유기다. 국회의원의 문제 제기에 대해 여성가족부와 교육부는 그 분류가 수많은 여성들, 더 나아가 남성들을 억압한다고 따졌어야 했다. 많은 이들을 굴레에서 벗어나게 할 수 있는 다른 분류가 있다고 설득했어야 했다. 그리하여 그 이야기가 세상으로 퍼져 나가게 만들어야 했다.

이 금지된 글을 쓰기 전, 움베르토 에코의 인터뷰[*]를 읽었다. 에코는 가짜나 실수가 실제적인 역사적 사건을 발생시킬 수 있다고 말한다. 동방에 존재한다는 기독교 왕국을 묘사한 프레스터 존의 가짜 편지가 유럽인들을 아시아로 이끌었고, 지구가 작다고 착각한 콜럼버스가 아메리카 대륙에 당도한 것처럼 말이다. 그러나 가짜는 지옥의 문을 열기도 한다. 히틀러는 유대인들이 세계를 지배하려 한다는 '시온 장로 의정서'라는 가짜 서류를 진짜로 믿었고, 그 신실한 믿음에 따라 유대인들을 불태웠다.

나는 아무런 저항 없이 가짜에 물들어 가는 이 세상이 또 다른 지옥을 불러오지 않을까 두렵다. 그래서 그 두려움을 이겨 보고자 조용히 입 다물지 못하고 이렇게 금지된 글을 쓴다. 아 맞다. 이 불온한 글을 읽는 것은 금지되어 있다. 그러니 이제라도 이 글을 읽는 것을 그만두시기 바란다. 아울러 여성가족부

---

[*] 움베르토 에코 외, 『작가란 무엇인가 1 - 소설가들의 소설가를 인터뷰하다』(2014), 다른.

는 이 글이 실린 책을 모두 사서 빨리 회수하시기 바란다. 아니면 이 책을 읽지 말라고 널리 널리 알려 주시기 바란다.

그런데, 혹시 여기까지 다 읽으신 분?

1956년
5월 18일,
맑음

2020년 10월 어느 날, 나는 16편의 일기를 하나씩 들여다보고 있었다. 70여 년 동안 하루도 빠짐없이 일기를 써 온 1938년생 제주도민 양신하의 일기이다. 다큐멘터리 작업을 하는 좌성한이 그 일기 중에서 4·3과 관련된 내용을 선별해 내게 보내오면, 나는 그 일기에서 감정을 드러내는 문구들을 뽑아내기로 되어 있었다. 그러면 냄새 연구자이자 작가, 화학자인 시셀 톨라스Sissel Tolaas(1963~)가 일기의 내용과 키워드를 바탕으로 제주도 화산석에 냄새를 입히는 작업을 할 것이다. 그 결과물은 광주 비엔날레에서 전시될 예정이었다.

16편의 일기에는 제주 섯알오름에서 학살당한 형이 끌려간 날인 1950년 7월 29일부터 제주를 방문한 시셀 톨라스를 만난 2020년 1월 14일의 기록까지, 양신하란 사람의 70년이 압축되어 있다. 1950년 7월 29일. 첫 일기부터 나는 길을 잃는다. 단어를 선택할 수 없다. 그의 일기에는 감정이 거의 드러나지 않는다. 대신 상황만이 묘사되어 있다. 양신하는 그날 형과 초가지붕의 집줄◆을 매었다고 쓴다. 그와 형이 마지막으로 같이한 일이다. 나는 그날 일기에서 감정을 불러일으키는 키워드로 '집줄'을 선택한다.

며칠 뒤. 베를린에 거주하는 작가와 화상회의를 했다. 작가는 일기에서 직접 뽑아내지 않아도 좋으니, 일기의 감정이 직접적으로 드러나는 말을 키워드로 제시해 달라고 요구한다. 글쎄, 가능할까? 비극의 날들을 지나치다 싶을 정도로 담담하게 기록한 그 일기 속에서, 숨죽여 몸을 숨긴 감정을 드러내는 것이?

슬픔, 회한, 억울함, 분노, 혼란스러움⋯ 그 모든 것이 혼합된 감정에 어떻게 이름을 붙일 것인가. 나는 감정과 관련된 어휘 연구들을 읽고, 감정 명사, 감정 형용사의 목록을 뽑아서 쭉

◆ 　　　　초가지붕을 정(井)자 모양으로 이는 데 쓰는, 짚을 꼬아 만든 줄이라는 뜻의 제주어.

읽어 본다. 그러고는 표를 만들어 일기의 날짜를 기록하고, 그 옆에 단어들을 하나씩 기입한다. 황망하다. 단조롭다. 참담하다…. 일기 속에 숨겨진 수많은 복잡한 감정들이 납작해진다. 키워드 옆에 사전적 의미를 더한다. 그래 봤자 납작한 말을 다른 평평한 말로 돌려 막는 형국이다. 이 말들이 영어로 번역되면 일기의 감정들은 종이처럼 더 얄팍해질 것이다. 결국 작가는 키워드 없이 일기와 냄새를 입힌 화산석만을 전시하는 것으로 작업의 방향을 틀었다. 옳은 결정이었다.

지난 4월 비엔날레 전시장을 찾았다. 그곳에서 나는 1956년의 일기를 다시 읽어 보고, 작가가 그 일기의 느낌을 냄새로 담은 돌을 들어 향을 맡아 본다. 가만히 흙냄새가 올라온다.

1956년(단기 4289년) 5월 18일 금요일 맑음. 오늘은 한 시간의 생물 수업을 하고서 선생님으로부터 비행장 동남쪽 서란봉에 많은 사람이 죽음을 당해 뼈가 있는 곳에 형님의 뼈를 찾으러 가라고 했다. 현장에 갔는데 형수님이 먼저 와 있었고 많은 사람 속에서 나를 찾아와 아주버니 형은 특별히 키가 컸으니 큰 뼈가 나오면 찾으라고 하였다. 오후까지 굴속에 있는 물을 양수기로 퍼내고 있었다. 한참 늦은 때 아무 뼈라도 차지하라고 형수님이 이야기를 해서 누구의 뼈인지 형수님과 같이 받고 묘역에 가서 묻으니 저녁이 되어 캄캄한 밤에 돌아왔다. 오늘은 세계사 교과서를 샀음 (500환, 하의 1400환).

1950년에 학살당한 이들을 6년이 지난 시점에야 수습할 수 있었던 유해 발굴 현장의 하루를 고등학생 양신하는 담담히 기록한다. 누가 누구의 뼈인지 알 수 없는 지경의 발굴 현장에서 형이 키가 컸으니 그저 '큰 뼈'를 찾으라는 형수의 요구, 그러다 '아무 뼈라도 차지하라는' 형수의 체념, 그러다 '누구의 뼈'인지 모르지만 그 뼈를 얻어 묘역에 묻고 온 그 기막힌 하루. 그 하루를 양신하는 보통의 일상처럼 담담하게 쓴다.

이 기묘한 담담함에는 이유가 있다. 이날 양신하는 일기장에 쓰지 말아야 할 것을 썼다. 입 밖으로 내지 말아야 할 일들, 잘못 새어 나갔다가는 목숨도 부지하기 어려울 말들을. 그런 말들을 글로 옮기면서 그 글에 함부로 감정을 넣을 수는 없었을 것이다. 침묵을 강요당한 이들에게는 슬픔을 표현하는 것조차 사치가 된다.

얼마 전 한 지인에게 이런 말을 들었다. "나는 제주 말 중에 '속솜하다'라는 말이 제일 좋아요. 고요하다는 뜻이잖아요. 너무 편하고 느낌이 좋은 말 같아요." "네?" 아! 아나나 다를까 인터넷에서도 이 말의 어감이 귀엽다고 쓴 글을 몇 번 읽은 적이 있다. 내부 식민지의 언어는 질곡의 역사가 담긴 말조차도 '예쁘고' '팬시'하게, 오리엔탈리즘적으로 소비된다. 당황한 나는 잠시 뜸을 들인 후 이렇게 설명한다. "속솜하다는 보통 '조용히 해라'라고 경고할 때 쓰는 말이에요. 저는 대학에 들어가서야 4·3에 대해 알게 되었는데요, 그때 할머니께 할아버지의 죽음에 대해 여쭤봤어요. 제 질문을 듣자마자 할머니가 하신 첫 말씀이 '속솜허라'였습니다."

속솜허라. 속솜허라. 속솜허라. 제주 사람들이 국가로부터 강요당한 말. 서로에게 강제했던 말. 자기 자신에게 끊임없이 주문하며 내면화한 그 말. 그 말을 들으며 일기를 쓴 소년 양신하는 그 일기 안에서도 스스로에게 감정을 드러내지 말 것을 강요했을지 모른다.

이 일기의 마지막 문장을 읽어 본다. "오늘은 세계사 교과서를 샀음(500환)." 이상하게도 나는 이 마지막 문장이 몹시 아프다. 세계사, 세계사라니. 이 일기 속 유해 발굴 현장은 말 그대로 세계사의 비극이 뒤엉켜 있는 장소다. 일제가 중국 침략을 위해서 만든, 실제로 남경대학살 때 사용되었던 알뜨르 비행장. 이 비행장을 방어하기 위해 섯알오름에 건설된 고사포 진지陣地와 탄약고. 미군의 탄약고 폭파. 그리고 그 탄약고가 폭파된 자리에 생긴 웅덩이에서 이루어진 집단 학살.

일기 속에 숨겨진 감정이 담긴 단어들을 찾다가, 새삼스럽게 이 일기의 날짜가 5월 18일인 것을 깨닫는다. 이제 이 일기는 수십 년 뒤에 다른 방식으로 다시 반복될 국가 폭력의 암시처럼 읽힌다. 이렇게 양신하의 일기는 국가 폭력의 기원 중 한 장면을 기록하고 있다.

1956년 5월 18일 제주는 맑았다. 그날 한 고등학생이 생물 수업을 마친 뒤에 세계사 교과서를 샀다. 그는 학살 현장에서 형의 것인지도 확신할 수 없는 뼈 한 조각을 겨우 얻는다. 늦은 밤 그 뼈를 묘지에 묻고 고등학생 양신하가 캄캄한 밤길을 건너온다. 나는 그의 하루를 생각해 본다. 그리고 어둠 속에 잠긴 그의 감정을 조심스럽게 더듬어 본다.

그의 슬픔은 생물 수업과 세계사 교과서, 그 사이에 있다.

한국인이라는
문제적 집단에
대하여

오늘 여러분께 새롭게 규명된 역사적 사실을 전달하게 되어 기쁜 마음을 금할 길이 없습니다. 잘 아시겠지만 지금으로부터 약 3000년 전인 21세기 말, 기후 위기로 인한 대멸종이 있었습니다. 이 대멸종의 시대는 지구상에 살고 있던 대부분의 인간은 물론 인간의 역사 또한 소거해 버렸지요. 지금 우리가 살고 있는 이 땅에 대해서 알고 있는 유일한 역사적 사실이란 예전에 이 땅이 '코리아'라고 불렸다는 게 전부입니다. 이 땅에 어떤 사람들이 살았는지 알 수 있는 자료는 극소수의 생존자들로부터 전해진 민담이 다입니다. 이 사라진 역사를 복원하기 위해 저희 학자들은 지금도 고군분투하고 있습니다.

5년 전, 저희 연구 팀은 서불 사막의 지층에서 고대 도시 서울의 존재를 확인했습니다. 그리고 세간에 〈문서〉라고 알려진 자료를 발굴해 냈습니다. 그 〈문서〉는 넓게 펼칠 수 있는 종이에 촘촘하게 매일 일어났던 온갖 범죄를 기록해 놓은 형태를 띠고 있습니다. 연구 팀은 〈문서〉의 해독에 매달렸고, 드디어 '코리아'라고 불리던 이 땅에 어떤 사람들이 살았는지 알게 되었습니다. 연구 결과에 따르면 21세기 코리아에는 다양한 종족이 살았던 것으로 보입니다. 그러나 코리아의 주류 종족은 '한국인'이라는 사람들이었습니다.

결론부터 말씀드리자면, 여러분들은 지금 이 땅에 한국인들과 함께 있지 않다는 것에 감사해야 합니다. 제가 왜 이런 말을 하는지는 〈문서〉에 기록된 여러 사건에 대해 들어 보시면 수긍을 하실 겁니다. 우리가 제일 먼저 해독해 낸 기록은 아이들에 대한 것입니다. 그 시대에는 아이들을 모아 놓고 키우는 어린이집이라는 시설이 있었습니다. 그런데 〈문서〉에서는 어린이집에서 아이를 학대한 사건에 대한 기록이 계속 발견됩니다. 그래서 연구 팀에서는 학대자들이 어느 종족에 속해 있는지를 조사했는데, 놀랍게도 그들은 모두 한국인이었습니다. 이 발견은 우리가 〈문서〉 속 범죄 사건의 범인들이 어떤 종족에 속하는지를 살펴보는 계기가 되었습니다.

이어서 연구 팀은 부모들이 아이들을 학대하여 죽음에 이르게 하는 경우를 살펴보았습니다. 충격적이게도 이 사건의 부모들 역시 모두 '한국인'이었습니다. 이게 끝이 아닙니다. 〈문서〉에는 남녀 관계가 틀어져 남성이 여성에게 폭력을 가하거나 심지어 여성을 살해하는 사건에 대한 기록으로 가득합니다. 그런데 '소오름'. 이 사건의 가해 남성들도 모두 '한국인'이었습니다. 더 섬뜩한 사실이 있습니다. 이런 한국인 남성들은 약 2년간 군대에서 살인 기술을 연마한 전쟁 기계였다는 점입니다.

상황이 이러니 살인 사건이 난무하는 것도 이상하지 않다고 생각되실 겁니다. 실제로 많은 살인 사건들, 심지어 연쇄 살인 사건들도 많이 발생했습니다. 이 사건들의 범인들이 어떤 종족이었는지 이제는 짐작하시겠지요? 네 맞습니다. 이런 끔찍한 사건들을 일으킨 살인범들은 대부분 '한국인'들이었습니다.

〈문서〉에 기록된 자료 분석을 통해서 저희 연구 팀은 다음과 같은 결론에 도달했습니다. '3000여 년 전, 코리아라는 땅의 모든 한국인이 범죄자는 아니었겠지만, 모든 범죄자들은 한국인이었다.' 이게 제가 여러분들에게 지금 이 땅에서 한국인들과 함께 있지 않은 것을 감사하게 여겨야 한다고 말씀드린 이유입니다.

그들이 지금 우리와 함께 있다면 어땠을까요? 생각하기도 싫지만 한번 상상해 봅시다. 아이들은 한국인들에게 학대당할 것이며, 여성들은 한국인들에게 유린당할 것입니다. 무엇보다도 그들은 군대에서 익힌 다양한 살상 기술을 이용해 테러를 일으킬지도 모릅니다. 물론 한국인들은 그들 전체의 문제가 아니라 일부의 문제라고 항변하겠지요. 하지만 속으면 안 됩니다. 그들은 단일 민족, 단일 언어 사용을 종교처럼 떠받드는 종족으로 다른 민족, 다른 문화, 다른 언어에 극도로 배타적이었습니다. 그러니 그들이 살아 있다면 '떼거리'로 뭉쳐 다니면서 우리를 위협했을 것입니다. 처음 소수일 때는 착한 척 본색을 숨기고 있다가 다수가 되어 세를 얻으면 모든 것을 한국화시키려고 했겠지요. 이제 저는 자신 있게 말할 수 있습니다. 그들이 지금 우리 곁에 있다면 저는 한국인들을 잠재적 범죄자라고 규정하고, 이 땅에서 추방해야 한다고 주장할 것입니다. 간단히 정리하지요. 그들은 혐오받아 마땅한 집단이었습니다.

　지금으로부터 3000여 년이 지난 뒤의 한 역사 학회의 발표장을 상상해 보자. 몇 장의 신문 자료를 가지고 어느 역사학자가 21세기의 한국인들을 이렇게 평가한다면 어떻겠는가? 이 글이 SF 소설이었다면, 독자는 이런 상상에 대해 백이면 백 '말도 안 되게 허접하다'고 따질 것이다. 이런 비난에 대해 나는 반박할 생각이 없다. 위에 써 놓은 이야기들은 몇몇 개인의 과오를 집단 전체의 속성으로 치환시키는, 정말 말도 안 되는 진짜 '헛소리'니까.

그런데 왜 이런 '헛소리'를 길게 썼냐고? 2021년의 한국에 이런 '헛소리'가 넘쳐나기 때문이다. SNS에는 무슨 사건 사고의 내막을 두고 '알고 보니 조선족이 개입되어 있더라' 하는 식의 카드 뉴스가 '소오름', '반전'이라는 말과 함께 떠돌아다닌다. 경북대 근처의 이슬람 사원 건립을 둘러싸고는 〈모든 무슬림이 테러리스트는 아니지만 모든 테러리스트는 무슬림이다〉라는 혐오 현수막이 버젓이 내걸린다.

당신은 이런 헛소리에 동의하는가? 좋다. 당신은 이런 헛소리에 '좋아요'를 누를 자유가 있다. 그러나 그렇다면 당신은 앞에 내가 길게 써 놓은 헛소리에도 동의해야 한다. 내 헛소리에 따르면 한국인인 당신은 잠재적인 아동 학대범이고, 잠재적인 폭력배이다. 그것뿐인가? 당신은 잠재적인 성폭력범이고, 잠재적인 테러리스트이다. 외국에서는 이런 잠재적 범죄자들에게 이민의 길을 열어 주지 않으니 꿈에라도 이민 생각은 하지 마시길 바란다. 혹여 해외에서 인종차별을 받더라도 당연한 반응이라고 생각하시라. '한국인치고 착하다' '한국인인데 폭력적이지 않다'라는 말을 들어도 군소리하지 말고. 너무하는 것 아니냐고? 하지만 지금 이 땅에는 이런 종류의 헛소리를 매일 들으며 살아가야 하는 사람들이 있다.

한국 사회의 새로운 구성원들과 갈등하지 말아야 한다거나, 그런 갈등을 모른 척하자는 게 아니다. 낯선 것, 나와 다른 것에 불편함을 느끼는 것은 당연하다. 나와 다른 문화, 다른 세계관, 다른 언어를 사용하는 사람들을 만났을 때 해결해야 할 문제는 반드시 생겨난다. 그런데 이런 문제로 인한 불편함과 갈등을 '혐오의 헛소리'라는 눈가리개로 덮어 버리면 진짜 문제를 볼 수 없게 된다.

그런 점에서 나는 '혐오의 헛소리'가 카드 뉴스와 같은 구체적이고 규격화된 텍스트 유형의 꼴을 갖추고 아무런 거부감 없이 생산되고 소비되는 것이 우려스럽다. 텍스트 유형은 복잡한 세상의 정보를 특정한 틀에 맞추어 받아들이게 하는 사회적 인식 틀이기 때문이다. 이런 인식 틀이 '상식'으로 작동하기 시작하면 텍스트 생산자와 소비자들은 구체적으로 뜯어보고 함께 고민해야 할 사회 문제들을 '아 됐고, 이슬람은 다 그래.' '아 됐고, 또 조선족이야?' '아 됐고, 이주 노동자들은 항상 말썽이야'라는 식으로 가공하고 소비하게 된다.

텍스트 소비자 입장에서 이런 텍스트는 장점을 가지고 있다. 도덕적 우월감과 타 집단을 평가할 수 있다는 권능의 감각을 제공하기 때문이다. 무엇보다도 이런 헛소리 텍스트는 슬로베니아 출신의 철학자 레나타 살레츨 Renata Salecl(1962~)이 말한 '무지에 대한 열정'을 충족시켜 준다.[*] 어지럽게 꼬여 있는 갈등의 현장을 보면 우리는 이렇게 속으로 되뇔 것이다. '알고 싶지 않아. 알고 싶지 않아. 알고 싶지 않아.' 이때 혐오의 헛소리 텍스트는 난마亂麻처럼 얽힌 현상을 다음과 같이 간결하고 선명하게 정리해 준다. '복잡할 거 하나도 없어. 다 쟤네가 나쁘고 이상해서 그런 거야. 쟤네만 없어지면 돼. 어때 참 쉽지?' 나는 한국 사회 전체가 이처럼 무지에 대한 열정을 공유하는 담화 공동체가 되어 가는 것이 두렵다. 이런 공동체에서는 문제를 직시하는 시선이나 문제에 대한 질문 자체가 부정당하기 때문이다.

'우리는 답을 찾을 것이다. 늘 그랬듯이'라는 믿음이 있다. 영화 인터스텔라의 주인공이 인류 멸망을 막기 위해 새로운 행성을 찾아 나서면서 하는 말이다. 그러나 지금처럼 혐오의 헛소리가 활개를 친다면 나는 비장하게 이렇게 말할 수밖에 없을 것 같다.

'한국 사회는 결국 답을 찾지 못할 것이다.' 내 말은 그러니까, 질문도 하지 않는데 어떻게 답을 찾나?

[*] 레나타 살레츨, 『알고 싶지 않은 마음-탈진실 시대 무지의 전략들』(2021), 정영목 옮김, 후마니타스.

그리고
아무도
없었다

"숫자 가르칠 때 〈열 꼬마 인디언〉 노래는 이용하지 마세요."
한국어 교육 모의수업을 하는 실습생들에게 매 학기 하는 소
리다. 실습생들은 의아한 눈으로 나를 쳐다본다. 나도 그런 눈
으로 선배 교사를 쳐다본 적이 있었다. 학생들이 이미 알고 있
는 노래로 한국어 숫자를 가르치면 효율적이지 않나요? 기다
렸다는 듯 선배 교사가 대답했다. "옛날에는 그 노래로 수업을
했었는데요, 어떤 학생이 강력하게 항의를 했대요. 끔찍한 인
종차별이 숨겨져 있는 노래라고. 백인들이 인디언 아이들을
한 명씩 학살하면서 불렀던 노래라나." 도시 괴담인지 어쩐지

는 모르겠으나 해당 노래를 불편하게 받아들이는 학생이 있다는 것은 엄연한 사실이었고, 그런 이유로 내가 한국어를 가르치던 기관에서는 이 노래가 암묵적인 금지곡이 되었다.

최근, 이 노래에 대한 여러 사실들을 알게 되었다. 새롭게 알게 된 사실들은 이렇다. 본래 이 곡은 영국에서 〈열 꼬마 검둥이〉라는 제목으로 불리던 노래다. 노래 속에서는 실제로 흑인 소년들이 하나씩 죽어 나간다. 그 내용에 영감을 받아 애거서 크리스티가 쓴 소설이 『그리고 아무도 없었다』인데, 미국판 표제 'And Then There Were None'으로 유명한 이 소설의 원제가 바로 'Ten Little Niggers'이다. 이 노래는 영국에서 미국으로 건너가 블랙페이스 분장으로 유명한 민스트럴 쇼에서 '열 꼬마 인디언'으로 변형되어 불렸다(여전히 소년들은 죽어 나갔고, 노래는 흥겨웠다). 이 민스트럴 쇼에 블랙페이스 분장을 하고 나오는 대표적인 캐릭터가 '짐 크로'이다. 맞다. 그 짐 크로. 미국의 악명 높은 흑백 분리 정책들을 통칭하는 법의 이름. 블랙페이스 분장을 한 그 법의 이름 아래 수많은 흑인들이 고통받고 희생당했다.

원숭이 엉덩이는 빨개, 빨간 건 사과… 이런 식으로 차근차근 설명했으니 이제는 알 것이다. 왜 흑인들이 블랙페이스에 그토록 민감한지를. 블랙페이스가 단순히 재미있자고 하는 분장이 아니라는 것을. 블랙페이스는 피로 물든 인종차별의 역사를 가리키는 기호다. 기표와 기의의 관계가 아무리 자의적이라고 한들, 검은색으로 칠한 얼굴에 '비하의 의도가 없는 패러디'라는 의미를 마음대로 갖다 붙일 수는 없다.

이런 이유로 국제사회에서는 블랙페이스를 패러디로 소비해서는 안 된다는 공감대가 형성되어 있다. 그러나 한국 사회에서는 블랙페이스의 역사에 대해 잘 알지 못하는 듯하다. 의정부고 학생들이 블랙페이스 분장을 하고 전 세계적으로 유명한 인터넷 밈 '관짝소년단'을 패러디해 졸업 사진을 찍은 것이 이를 반증한다. 이 졸업 사진이 한국 사회에서 화제가 되자, 가나 출신의 방송인 샘 오취리는 자신의 SNS에 이를 비판하는 글을 올렸다. 하지만 이렇게 시작된 블랙페이스 논란의 쟁점은 학생들의 분장이 인종차별인가 아닌가에서 샘 오취리의 말과 행동으로 옮아갔다. 그에게는 온갖 비난이 쏟아졌다. 그의 SNS에 올라온 한국어와 영어로 된 입장문의 내용이 이중적이라고, 그 역시 어느 방송에서 동양인의 생김새를 흉내 내며 이를 유머로 소비한 과거가 있다고, 그러니 그가 의정부고 학생을 비판하는 것은 자기모순적이라고.

이런 비난을 통해 얻고자 하는 효과는 이것이다. 지금 당장 침묵할 것. 그저 침묵할 것. 말하고 싶다면 웃기는 광대로서 말하고 진지한 이야기는 하지 말 것. 이것도 인종차별이냐고? 대답은 연구자들의 설명으로 대신할까 한다. 현대의 인종차별은 소수자를 노골적으로 비하하는 방식으로 이루어지지 않는다. 대신 차별받는 소수자의 부정적인 부분을 반복해서 부각시키는 방식을 택한다. 흑인의 생명이 중요하다고 말할 때, 왜 흑인들은 방화하고 약탈하는지를 묻는 식이다. 미묘하고, 세련됐으며, 차별을 행하는 이들에게는 자신이 정의로운 일을 행하고 있다는 믿음까지 준다.

그러니까 이 논란의 초점은 그가 무엇을 말하고 어떻게 행동했느냐가 아니다. 문제는 '누가 말할 자격이 있느냐'이다. 결론부터 이야기하자. 한국 사회의 공론장에서 흑인은 말할 자격이 없다. 공적 담론이 오가는 이 광장에 흑인은 '출입불가'다. 이는 흑인뿐만 아니라 대부분의 외국인에게도 적용된다. 이창수의 연구서 『한국 사회의 인종차별적 담화구조』에 따르면 한국 언론은 외국인을 외부 세상에 아무런 영향을 미치지 못하는 존재이자, 타인의 행동에 영향을 받는 수동적인 존재로 그린다. 이를테면 한국의 뉴스에서 외국인들은 발화자가 아니라, 발화의 내용으로만 등장한다. 이 땅에는 250만 명이 넘는 외국인들이 살고 있지만, 그들에게는 입이 없는 셈이다.

방송에 출연하는 수많은 외국인들은 뭐냐고? 그들은 한국 사회에서 거울로 기능한다. 있는 그대로를 비추는 거울은 아니다. 그들은 한국 방송계에 확고하게 뿌리내린 '거울아 거울아(이 세상에서 어느 나라가 제일 아름답니?)' 예능 장르의 사업장에서 근무한다. 이 연예 산업의 목표는 한국 사회의 긍정적인 자아상을 비추고 증폭시켜 한국인들을 만족시키는 것이다.

물론 아무나 이 연예 산업에 종사할 수 있는 것은 아니다. 이 일을 하려면 백인(미주나 서유럽 출신 대환영)인 것이 절대적으로 유리하다. 백인이 아닌 이들에게도 기회가 오지만 이 경우에는 그들이 백인만큼이나 특별하다는 것을 증명하는 꼬리표가 필요하다. 샘 오취리의 경우 방송 출연 초기에 미국 할리우드 스타 윌 스미스의 닮은꼴로 소개되었고, 이후에는 가나의 명문가 출신이라는 꼬리표를 달았다.

이 산업의 종사자들은 말할 수 있되 수동적인 대상, 거울로서의 말만 할 수 있다. 물론, 예외적으로 한국 사회에 대한 비판적이고 진지한 발언이 허용되는 종사자들이 있다. 이 일은 부자 나라에서 온 백인(엘리트)들에게 맡겨진다. 그들이 말하면 한국 사회는 겸허히 듣는다. 그러나 이런 진지함은 가난한 나라에서 온 흑인인 샘 오취리에게는 허용되지 않는 일이다.

2017년, 한 개그 프로그램에서 일어났던 블랙페이스 사건을 상기해 보자. 오취리는 그때도 유사한 비판을 했고, 언론과 대중은 그 비판을 긍정하는 분위기였다. 지금과 뭐가 다르냐고? 그때는 샘 해밍턴이 있었다. 샘 해밍턴의 비판이 먼저 있었고, 오취리가 뒤를 이었다. 두 사람의 발언은 '해밍턴이 이렇게 말했는데 오취리도 그렇게 얘기했다'라는 식으로 함께

묶여서 유통됐다. 그러니까 오취리의 말은 해밍턴의 말에 '덧붙여진' 것이었다. 말하자면 오취리는 광장에 혼자 입장한 것이 아니다. 그의 광장 입장은 샘 해밍턴이라는 백인의 승인이 있었기에 가능했다.

2020년, 3년 전과 정반대로 가는 논란은 흑인이 당사자인 '블랙페이스' 문제조차 백인의 '승인'이 필요함을 보여 주었다. 무엇보다도 이 소란은 한국 사회의 공론장 안에 짐 크로법이 작동하고 있음을 증명했다. 비난 댓글과 오취리의 사과문에 동시에 등장하는 "선을 넘었다"라는 표현이 바로 그 증거다. 한국 사회의 시혜를 받는 주제에 오취리는 자신의 본분을 잊었다. 그리고 감히 부유한 국가의 백인에게 부여된 영역과 신성불가침인 한국인의 영역에 그어진 두 개의 선을 '홀로' 넘었다. 그렇게 선을 넘은 그가 한국인들의 진짜 모습을 보여 주자, 한국인들은 거울이 배신했다고 분노하며 그 거울을 깨 버리려 했다. 그는 본래 거울이 아니었고, 그래서 자신의 말을 했을 뿐인데 말이다. 하지만 한국인들은 기어코 샘 오취리를 침묵시켰고, 그를 다시 거울로 만들었다.

이제 승리에 취한 이들은 열 꼬마 인디언 노래처럼 이 광장에서 소수자의 목소리를 하나씩 사라지게 할 것이다. 그리하여 아홉이 남고, 여덟이 남고… 둘이 남고, 하나가 남을 것이다.

그리고 이 광장에는, 아무도 없을 것이다.

너의
이름은

"야, 너네가 그 유명한 X세대라며?" 나는 대학에 갓 입학한 신입생이었고, 이런 질문을 던진 이는 처음 만난 2학년 선배였다(그럼 너는?). 네, 제가 바로 그 X세대입니다, 하고 시원하게 대답하면 좋았겠지만 나는 풍문으로만 듣던 X세대가 뭔지 잘 몰랐다. 내가 압구정이니 오렌지니 개성이니 뭐니 하는 개네라고? X세대. 90년대에 20대였던 1970년대생. 한 광고 기획사는 이렇게 정의한다. 주위의 눈치를 보지 않는 개성파였으며 경제적 풍요 속에 성장했던 세대로, 경제적으로 원하는 것은 무엇이든 얻을 수 있었던 세대.

내가 X세대였을까? 아르바이트를 구하지 못하고, 어쩌다 구해도 이상한 곳에 끌려가 착취를 당했지만 시간당 천 몇백 원이라는 돈 때문에 눈치를 보며 아무 말도 꺼내지 못한 내가? (사장님, 주차장 알바를 왜 공사판에 끌고 가나요?) 임금 체불도 모자라 결국 돈을 떼이던 내가? (사장님 제 180만 원은요?) 내가 X세대였을까? 깜빡하고 부모님께 차비를 부탁하지 않으면 가구 밑을 긁어서 나온 동전을 모아 학교에 가던 내가? 워크맨이나 삐삐 같은 건 꿈도 못 꾸고, 사시사철 위아래로 검은색으로 된 똑같은 옷을 매일같이 입고 다니던 내가? 내가 X세대였을까? 어쩌다 생긴 소개팅 비슷한 자리에 나가려다 지갑에 2,500원밖에 없다는 걸 깨닫고 깔끔하게 집에 있기로 결심했던 내가? (이건 정말이지 지금도 매우 안타깝게 생각한다.)

X세대를 다룬 90년대의 신문 기사들을 검색해 보았다. 그 기사들과 이미지들 속에서 나의 20대는 없었다. 새로운 시대가 되었다며 마음껏 소비하는 세대가 되라는 자본주의의 호명에 기꺼이 응답하고 싶었지만, 나는 그런 부름에 응할 여력이 전혀 없었다. 기사 속 X세대의 삶의 양식은 나의 것이 아니었다.

질문은 계속된다. 서울의 대학가를 걷는 남녀의 이미지로 가득한 그 기사 속에서 지방의 청년들은 X세대였을까? X세대에 대한 그 많은 담론 속에서, 대학을 가지 않은 청년들은 X세대였을까?

물질적인 풍요를 누리는 감각적인 소비자. X세대라는 이름은 그런 소비자가 될 수 있는 이들을 제외한 동시대의 수많은 청년들의 다종다양한 삶과 서사를 소거해 버렸다. 이제야 깨닫는다. X세대. 그게 나를 부르는 말인 줄 알았는데, 나는 X세대의 일원이 아니었다. 문득 이런 생각이 들었다. '이건 거의 음모인데.'

움베르토 에코는 명명이란, 모든 상이한 개체들을 상이한 시점에서 동일한 유형의 사례로 확신시키는 사회적 행위라고 설명한다.* 이 설명은 거창한 게 아니라 우리가 들판에서 볼 수 있는 날짐승들을 '새'라고 부르는 원리를 풀어 말한 것이다. 그런데 X세대라는 명명에 개입된 사회적 행위에는 좀 더 복잡한 역학 관계가 개입한다. 이 명명에는 자본주의라는 권력이 작동하고 있다. 이때 명명은 환상을 손쉽게 실재로 바꾸고, 그 실재를 다시 환상으로 순환시키는 장치가 된다.

그렇게 자본은 20대의 삶이 시작되기도 전에, 내 동년배들이 살아야 하는 삶의 양식과 가져야 하는 취향과 갈망해야 하는 욕망을 X세대라는 명명을 통해 정해 주었다. '너희는 이제 능동적인 소비자가 되어라.' 내 동년배들은 자본이 미리 만들

*   움베르토 에코, 『칸트와 오리너구리』(2009), 열린책들.

어 놓은 기표 안에, 우리의 실재를 끼워 맞추도록 강요받은 셈이다. 더 무서운 것은 산을 산이라고 부르고, 강을 강이라고 부르는 것을 너무나 당연하게 느끼는 것처럼, X세대라는 명명도 자연적인 것처럼 받아들여진다는 점이다.

X세대라는 명명이 실재와는 다른 이름을 부름으로써 그 실재가 다른 존재가 되도록 강제하는 전략이었다면, 반대로 그 이름 속에 들어 있는 의미들을 삭제함으로써 실재를 부정하는 전략도 있다. 요즘 대선 정국에서 호출되고 있는 '청년'이라는 말의 용법이 그렇다. 얼마 전 한 대선 후보는 영입한 지 얼마 되지 않은 청년 여성 정치인을 내치면서 '청년'들의 목소리를 제대로 듣지 못했다고, '2030'의 마음을 읽지 못했다고, '기성세대'에 치우친 판단으로 '청년세대'에 큰 실망을 줬다고 사과했다.

여기서 청년은 누구를 호명하는 것일까? 청년이라는 어휘의 의미는 여러 개의 성분들로 구성되어 있다. 범박하게 그 의미 성분들을 떠올려 보자. '인간' '여성' '남성' '젊음' 등등이 떠오를 것이다. 그러나 그의 발언 속 '청년'이라는 말의 의미 성분 표에 '여성'은 추방되어 있다. 혹시 그런 상상을 해 본 적 있는가? 누군가 당신의 이름을 불러서 뒤를 돌아보았는데, 정작 그 이름을 부른 이가 당신을 모른 척하는 경우. '그건 내 이름인데요.' '아니, 그건 너의 이름이 아니야. 너는 이름이 없어야 해.' 그렇게 해서 당신의 존재를 지우는 방식.

이 뺄셈의 명명법에서 추방된 것이 비단 여성이라는 속성뿐일까? 이 배제의 언어 게임은 청년이라는 이름에서 여성 혐오에 동조하지 않는 이들도 빼고, 장애 청년도 빼고, 성소수자도 빼고, 대학을 선택하지 않은 젊은이들도 빼고, 열악한 노동환경에 처한 노동자들도 빼고, 이주민 청년도 빼고, 목소리를 얻지 못한 청년들의 수많은 삶을 그저 빼고 계속 빼서, 청년이라는 기표에 자신들이 겪는 고통 중 상당 부분은 여자들과 여성가족부 때문이라고 믿는 남자라는 앙상한 기의만 남겨 놓는다.

의미론이라는 언어학 분과에서 다루는 '원형 이론'이라는 것이 있다. 원형 이론에 따르면 우리는 고정된 의미 성분을 하나하나 분석한 후(+날개 +깃털 +비행 가능) 하늘을 나는 동물들을 '새'라고 부르는 것이 아니다. 그보다 우리는 참새와 같은 가장 전형적인 사례, 즉 원형을 중심으로 '새'의 범주를 구성하고 인지한다.

뺄셈의 명명법은 소위 '이대남(이십대 남성의 줄임말)'을 청년의 '원형'이라고 정해 놓고 그 주위를 철조망으로 둘러친 후 그 나머지는 청년이라는 범주에 들어갈 수 없다고 선언하는 것 같다. 그러나 원형 이론은 우리가 생각하는 범주가 분명한 경계선으로 구분되는 것이 아니라 오히려 유연하게 연결되어 있다고 알려 준다. 참새 같은 가장 새다운 새도 새이지만 타조나 펭귄처럼 가장 새답지 못한 새도 새라고 인식하는 이유다.

원형 이야기를 더 해 보자. 높이가 낮고 폭이 넓은 그릇을 우리는 사발이라고 부른다. 그러나 사회언어학자 라보프William Labov(1927~)의 실험에 따르면 사람들은 그 그릇에 음식이 들어 있으면 사발이라고, 꽃이 들어 있으면 꽃병이라고, 커피가 들어 있으면 컵이라고 부른다. 이십대의 남성도 마찬가지다. 그들은 '이대남'이라는 빈한한 기호로 고정될 수 있는 이들이 아니다. 그들은 수많은 정체성들이다.

인간은 살기 위해 본능적으로 세상을 구분하고 범주화한다. 말하자면 우리는 범주를 통해 세계를 경험한다. 그리고 어떤 범주는 우리를 살게 하지만, 또 다른 범주는 우리를 파국으로 몰고 간다. 이대남이라는 범주는 후자다.

이대남. '반페미니즘'이라는 하나의 의미 성분만 가진 텅 빈 풍선 인형 같은 기호. 무책임한 정치인들의 펌프질에 점점 거대해져서 모든 세대에게 "너희는 이제 포위되었다"라고 외치는 이름. 글쎄다. 이십대 남성들의 삶과 서사가 이러한 이름으로 대표되는 게 정말 맞는 것일까? 이제는 정말 모르겠다. 젠더가 다르다는 이유로 같은 세대끼리 서로 확성기를 들고 고함을 지르게 만드는 이 빈곤한 상상력의 정치를 언제까지 지켜봐야 하는지.

　나는 X세대가 아니었다. 지금에야 깨닫는다. 사회가 나를
그렇게 호명했지만 그건 나의 이름이 아니었다는 것을. 마찬
가지다. 누군가 당신의 이름을 부른다면, 일단 의심하시라.
　그게 진짜 당신의 이름인지를.

금지된 언어 2 : 통속성의 발견

이게 다 노무현 때문이야

겨울이었지만 붕어빵을 파는 노점 앞은 한산했다. "요즘 장사는 잘 되세요?" 붕어빵이 구워지는 동안 노점 주인에게 아무 생각 없이 물었다. "잘 될 리가 있겠어요? 해도 너무하다 싶을 정도로 장사가 안 돼요. 이게 다 노무현 때문이에요."

아, 붕어빵이 안 팔리는 게 노무현 때문이었구나. 노 대통령의 임기 말이었을 것이다. 돌이켜 보면 그 당시에는 모든 것이 다 노무현 때문이라는 말이 심심치 않게 돌았던 것 같다. 주인의 말을 듣고 나니, 이제 노무현이라는 이가 모두가 미워하는 사람, 아니 미워해도 되는 사람이 됐구나 싶은 생각이 들었다.

어쩌다가? 그가 말을 거칠게 하는 '막가는 대통령'이어서?

'말이 거친' '막가는' 대통령의 이미지. 이 이미지는 2003년 3월에 있었던 〈검사와의 대화〉에서 기원한다. 그는 검사들의 공격적인 질문에 "이쯤 되면 막 하자는 거지요?"라는 말을 던진다. 그리고 이 발언 중 '막 하자'는 언론에 의해 '막가자'라는 어휘로 교체·재가공되었다.

그 이후 언론은 노무현 대통령의 말하기 양식이 가진 공격성과 통속성을 과장하고 극적으로 부각시키는 전략을 취한다. 언론에서는 '말실수'라는 표현으로 집요하게 대통령의 말하기 양식을 공격했다.

무엇이 '말실수'였을까? 언론에서 지적하는 말실수란 대부분 대통령의 통속어 사용을 가리킨다. 다음 칼럼은 그 '통속어' 발견의 순간을 생생하게 보여 준다.

> 노 대통령은 저잣거리에서 통용될 법한 속어를 공식적인 자리에서 스스럼없이 내뱉는 걸로도 호가 나 있다. '개판' '쪽수' '백수' '깡통' '새우처럼 팍 오그려서'… 무수하다. 그런 생생한 표현들이 소시민들에게는 사실 귀에 팍팍 꽂혀서 그리 싫지 않은 측면도 없지 않다.
>
> – 세계일보 2003년 6월 4일, 〈세계타워:대통령의 말〉

통속어는 기층의 언어이다. 일상의 언어로 많이 쓰이지만 은폐되어 있기 때문에 그 존재가 잘 드러나지 않는다. 그런데 그 숨겨진 언어인 통속어가 다른 사람의 입도 아닌 바로 대통령의 입을 통해서 발견된 것이다.

'개판'이니 '쪽수'니 하는 말들을 동네 아저씨가 골목길에서 내뱉었다면 아무도 신경 쓰지 않았을 것이다. 그러나 그 말이 대통령의 입에서 발화될 때는 그 말 하나하나가 충격으로 다가올 수밖에 없다. 이렇듯 통속어가 새삼스럽게 '발견'되는 이유는 그 발화자가 대통령이기 때문이다. 즉 대통령은 그 자체로 헌법기관, 다시 말해 국가 제도이며 따라서 대통령이 발화하는 순간은 한 개인의 발화가 이루어지는 장면이 아니라 대통령이 가진 권력이 실현되는 공공의 장이 된다. 이 때문에 대통령이 사용하는 언어는 언제나 정제되어 있어야 한다.

분위기 좀 바꿔볼까? 코드 바꾸기

그런데 노무현 대통령은 '대통령의 말'에 대한 이런 금기를 깨 버렸다. 그렇다면 이런 질문이 자연스럽게 따라올 것이다. 그는 왜 금기를 깼을까? 무슨 이익이 있다고? 그냥 단순한 실수가 아니었을까?

여기서 다시 통속성이 무엇인지 짚어 보자. 대중들은 소통에 도움이 된다면 그 언어가 어디에서 왔든 어떤 형식이든 문지도 따지지도 않고 사용한다. 이런 성질 때문에 통속어는 자신의 의도와 감정을 빠르고 정확하게 전달하는 데 유리하다. 노무현 대통령은 이런 통속어의 속성을 잘 알고 있었으며, 이런 소통 방식을 전략적으로, 그리고 적극적으로 사용했다. 이는 다음 칼럼에 인용된 그의 발언에서도 확인된다.

> 노무현 대통령의 말실수가 최근 부쩍 줄었다… 노 대통령은 지난해 말부터 특유의 거칠고 투박한 말투가 대통령의 위상을 떨어뜨리고, 결국에는 국정 운영에 도움이 되지 않는다고 느낀 것으로 보인다… 노 대통령은 "일만 잘하면 되지 않습니까"라면서 "말실수 안 한 지 6개월 정도 되지 않나요"라고 되묻기도 했다. "말실수하면 서민들이 좋아할 줄 알았는데, 서민들도 별로래요"라면서 "앞으로 말실수 안 할 겁니다"라고 다짐했다. "보통 국민들에게 친구 같은 허물없는 대통령이 되겠다"는 말도 했다.
> - 국민일보 2004년 2월 8일, 〈Mr. president: 말실수 줄이려 노력하는 노 대통령〉

"말실수하면 서민들이 좋아할 줄 알았는데, 서민들도 별로래요"라는 발언은 노 대통령의 발화가 '실수'가 아닌 의도된 전략임을 우리에게 알려 준다. 그는 통속어가 가진 일상어로서의 성격과 통속성을 직관적으로 이해했던 것 같다.

노 대통령은 통속어를 자신이 원하는 의사소통 효과를 거두기 위한 코드 전환code-switching 전략에 사용했다. 여기서 코드 전환이란 언어 사용자가 자신이 처한 상황에 따라 특정 언어(코드)를 다른 언어(코드)로 바꾸는 현상을 말한다. 이런 코드 전환의 효과 중 하나는 의사소통 상황을 재규정함으로써 대화의 분위기를 바꾸는 것이다. 표준어로 강의하던 교사가 갑자기 사투리를 써서 수업의 분위기를 바꾸고, 특정 메시지를 부각시키는 방식도 이러한 코드 전환에 해당된다. (그리고 이런 경우에 우리는 교사가 '말실수'를 했다고 말하지 않는다.)

〈검사와의 대화〉에서 문제가 된 "이쯤 되면 막 하자는 거지요"라는 발언도 코드 전환 효과를 노린 것이었다. 이는 해당 발화가 공격적이거나 억압적인 어조가 아니라 농담조로 이루어졌다는 점, 발언의 순간 대화 참여자들 사이에서 웃음이 터져 나왔다는 점에서도 확인된다. 즉 노무현 대통령은 통속어를 사용한 코드 전환을 통해 공격을 당하는 상황에서 가라앉은 무거운 분위기를 해소하고 동시에 대화의 주도권을 잡으려고 한 것이다.

말실수를 밥 먹듯이 하는 자의 잘못된 통치

노무현 대통령은 이처럼 표준어를 사용하는 상황에서 통속어라는 코드를 사용함으로써 자신이 노리는 의사소통적 효과를 얻고자 했다. 그러나 비표준 변이형을 이용한 이러한 의사소통 전략은 '말실수'라는 프레임으로만 재단된다. (교실에서 분위기 전환을 위해서 사투리를 사용한 교사의 발화는 실수로 여겨지지 않는다는 점을 다시 상기해 보자.)

여기서 눈여겨 살펴볼 점이 있다. 언론이 지적하는 말실수란, 말의 내용과 관련된 것이라기보다는 주로 말하기 방식의 문제라는 점이다. 위에 제시한 〈Mr. president: 말실수 줄이려 노력하는 노 대통령〉에서 "특유의 거칠고 투박한 말투가 대통령의 위상을 떨어뜨리고" 있다고 지적하는데 정확히는 이렇게 말하고 싶었을 것이다. '내용을 다 떠나서 너는 말본새 자체가 잘못됐어.'

말실수 프레임은 '말의 방식'의 문제를 '말의 내용'의 문제로 바꿔 버린다. 우리는 누군가가 말실수했다는 말을 들었을 때, 그 실수가 말하는 방식의 문제였는지, 내용의 문제였는지 구분하지 않는다. 말하기 방식이 이상하면 메시지 자체에도 문제가 있다고 여기는 것이다.

언론은 대통령의 말실수를 그저 언어의 문제로만 한정시키지 않고 부적절한 통치의 문제로 재규정했다. 이는 박정희 대통령의 말하기 양식(침묵)과 노무현 대통령의 말하기 양식(다변)을 대조하고 있는 〈세계타워: 대통령의 말〉이라는 칼럼에서도 극명하게 드러난다.

> 박정희 대통령은 말수가 적었다… 아마 역대 한국 대통령 가운데 가장 말을 아꼈던 인물이 아닌가 싶다… 박대통령은 정국이 꼬이고 시름이 깊어 갈 때 팔짱을 낀 채 집무실 창밖을 응시할 때가 더러 있었다… 얼마간 무언의 대화가 있고 나서, 보고자는 조용히 방을 빠져나간다. 그 다음부터는 '알아서' 처리한다… 상대적으로 노무현 대통령은 다변가이다… 청와대 출입 기자들은 공개되는 말만 받아 적는 데도 헉헉거린다… 누구의 표현법과 통치술이 딱히 옳다고 말하기는 어렵다… 노 대통령도 박 대통령의 '침묵의 미학'을 원용해 본다면 어떨까. 토론과 말이 능사는 아니기 때문이다.
>
> – 세계일보 2003년 6월 4일, 〈세계타워 : 대통령의 말〉

이 칼럼은 박정희 대통령의 '침묵'과 노무현 대통령의 '다변'을 '효율' 대 '비효율'의 문제로 슬쩍 바꿔치기한다. 이 글에서 박 대통령은 참모들이 자신의 침묵에서 의중을 알아내고 '알아서' 처리하게 만드는 통치자로 묘사되는 반면, 노 대통령은 '공개되는 말만 받아 적는 데도 헉헉거리게' 만드는 인물로 그려진다. 이런 방식으로 이 글에서는 '대통령의 말하기 양식 = 통치행위'라는 도식을 구축한 후, 노무현 대통령을 부적절한 통치행위를 하는 지도자로 자리매김시킨다.

오염물은 반드시 제거할 것

그렇다면 통속어의 사용은 왜 말실수로 비난받고 더 나아가 부적절한 통치행위로 파악되는가? 그 이유는 '국어'라는 체제 내에서 통속어는 일종의 불순물로 인식되기 때문이다. 국어는 그 자체가 강력한 체계이다. 이 체계는 순수하고 균일한 언어로 구성되어 있고, 국가의 모든 국민이 동일한 언어를 말할 것이라는 기대와 요구에 기반해 있다.

뭐 당연한 소리 아니냐고? 가스야 게이스케糟谷啓介(1955~)는 근대 이전의 어느 국가도 모든 주민에게 동일한 언어를 말할 것을 요구하지도 바라지도 않았음을 지적한다. 그리고 '국어'에 대해 사회적 공간 하나하나를 규율을 가르치는 교육 장치로 만들어 사회 구성원의 '자발적 동의'를 이끌어 내게 만드는 일종의 '헤게모니 장치'로 보자고 제안한다.

이런 헤게모니 장치가 작동하기 위해서는 '치안'과 '규격화'

가 필요하다.* 모든 국민이 동일한 언어를 사용한다는 것은 무엇을 의미하는가? 이는 '규격화'를 전제로 한다는 뜻이다. 모두가 같은 말을 사용하기 위해서는 같은 말을 사용하지 않는 이를 감시하고 처벌하는 '치안'이 확립되어야 한다.

이러한 국어 체제가 성립되기 위해서는 '언어 표준' 또는 '표준어'가 아닌 변이형들—대개는 소수 언어와 지역방언—이 배제되어야 한다. 순수하고 균일한 상태의 국어를 완성시키기 위해서. 이연숙에 따르면 "국어라는 표상이 일단 확립되면 현실의 언어 변이는 이차적인 것이며, 상상되는 '국어'의 동일성이야말로 본질적인 것이라는 언어 의식"이 생긴다. 국어 교육을 비롯한 학교 교육제도나 언론은 이러한 언어 의식을 끊임없이 주입시키는 국어라는 헤게모니 장치의 일부이다. 그런데 대통령이 통속어를 사용한다? 이는 국어 체제에 도전하여 균열을 내는 행위나 마찬가지이다. 국어라는 표상의 공고화에 기여하는 언론의 입장에서, 이는 결코 간과할 수 없는 문제이다. 이렇게 국어라는 헤게모니 장치의 일부인 언론은 계속해서 '오염물'을 제거하려 한다.

---

* 　　　이연숙, 『국어라는 사상』(2006), 고영진·임경화 옮김, 소명출판.

2002년 김 의원이 노무현 대통령 후보의 '정치적 사부' 역할을 할 때의 이야기다. 노 후보가 실언을 자주 하면서 인기가 날로 떨어지는 상황이었다. 그는 노 후보가 기자들을 만난다는 이야기가 들려오면 후보 비서실에 전화를 걸어 "내가 갈 때까지 지둘러"라고 말하고 현장에 도착해 노 후보의 발언 내용을 사전 감수했다. '지둘러'는 '기다려'의 호남 사투리로 김 의원의 닉네임이기도 하다… 노 대통령은 서민적인 표현이 대통령의 권위를 낮추고 국민을 즐겁게 한다고 생각하는 것 같다. 그러나 아이들이 배울까 봐 걱정된다고 말하는 사람들도 있다. 국회와 청와대에 있는 386들은 비속한 말을 쓰지 않으면 세상의 불의에 침묵하는 것이라고 여기는 분위기다. 무릎을 치게 하는 절묘한 표현은 없고, 칼끝으로 생채기를 찌르고 후빈다. 인터넷 정치 기사마다 젊은 누리꾼들이 편을 갈라 험한 댓글을 주고받는다. 청소년들에게 '독극물'이나 '불량 식품'처럼 유해한 언어가 뉴미디어를 타고 확산되고 있다. 막말 정치, 편 가르기 정치가 바로 누리꾼 언어의 오염원이다.

– 동아닷컴 2006년 9월 26일, 〈황호택 칼럼 : 속옷 벗은 言語〉

이 글에서는 내용 전개상 필요가 없음에도 노무현 대통령의 정치적 사부인 '김 의원'의 별명이자 호남 사투리인 '지둘러'라는 어휘를 소개하고 있는데, 이 또한 노무현 대통령을 위시

한 정치 세력이 국어에서 배제해야 할 언어—지역방언과 저급한 언어—를 사용하는 그룹임을 드러낸다.

이 칼럼에 따르면 노무현 대통령으로 대표되는 정치 세력들의 언어는 '아이들이 배울까 봐 걱정'될 만큼 비교육적이고, 비속하며 공격적이다. 더 나아가 이 정치 세력의 말은 '언어의 오염원'으로 지목된다. '독극물' '불량식품' '오염원' 같은 표현들은 이들 정치 세력의 언어가 비합법적(독극물, 불량식품)이며, 더럽고 불순(오염원)하다는 것, 그렇기 때문에 순수하고 균질해야 하는 국어 체제 내에서는 용인될 수 없는 것임을 강력하게 암시한다. 오염물은 반드시 제거돼야만 하는 것이다.

언어 시민권이 없는 자는 출입하지 마시오

노무현 대통령의 통속어 사용에 대해 언론이 만들어 낸 담론 중 눈에 띄는 것이 또 하나 있다. 바로 노무현 대통령의 말하기 양식과 그의 계급적 정체성을 연결하는 것이다. 그리고 이를 통해 그를 통치자로서의 자질을 갖추지 못한 인물로 자리매김시킨다. 이는 노무현 대통령에게 비교적 우호적인 언론에서도 나타나는 현상이다.

"평소 노무현 대통령의 말이 수준 낮다고 생각했다. '고등학교만 나온 사람이 맞구나' 하는 편견도 있었다. 그러나 오늘 대면하고 이야기 들어 보니 친절하고 소탈했다. 언론을 통해 볼 때보다 친근하고 인간적이었다. 고모부 같은 편안한 인상이었다. 국민에게 가식 없이 다가서려 하는 것은 좋은 것 같다. 그러나 대통령에게는 솔직함만이 필요한 게 아니다."

– 오마이뉴스 2007년 2월 28일,〈 "노무현 로또 당첨될까?" 임기 4년째, 바닥과 대박 사이 : 시민기자 10인의 대통령 회견 뒷담화 〉

노무현 대통령에게 비판적인 SNS상의 글이나, 기사에서는 그의 말하기 양식과 그의 고등학교 졸업 학력을 연결시키는 경향이 있다. 위의 기사처럼 노무현 대통령에게 우호적인 입장을 취했던 언론사의 경우도 크게 다르지는 않았다.

이를테면 노무현 대통령이 사용한 통속어는 그가 가진 사회적 정보를 말해 주는 간접적인 표지로 기능하며, 이 표지는 노무현이란 인물이 통치자가 가져야 할 문화적 자본, 또는 언어 자본*을 갖추지 못한 인물이라는 것을 드러낸다.

◆　　언어 자본이란 문법적으로 완벽한 표현을 생산할 수 있는 능력뿐만 아니라 특정한 언어 시장linguistic market에 맞는 적절한 표현을 생산할 수 있는 능력까지를 포함한다.

한국어의 여러 변이형 중 표준어는 행정, 정치, 법, 교육제도와 강력하게 연결되어 있고 따라서 표준어는 정치 문화적 권력을 가진 언어라고 할 수 있다. 국가의 사회적 제도에서 통용되는 표준어의 화법을 구사할 수 있는 능력을 언어 자본—부르디외가 말한 의미에서 '상징자본'—이라고 한다면, 노무현 대통령의 통속어 사용은 그가 그러한 언어 자본을 갖추지 못했음을 보여 주는 표지가 되는 셈이다. 다시 말해 노무현 대통령은 언어 시장에 출입할 자격인 '언어 시민권'이 없는 인물이 된다. 이렇게 해서 노무현 대통령의 통속어 사용은 그가 자격이 없는 통치자임을 보여 주는 증거가 된다.

정리해 보자. 노무현 대통령의 입을 통해서 한국 사회는 어쩌면 처음으로 자신들이 실제로 사용하는 언어인 통속어를 발견했는지도 모르겠다. 뭐랄까? 거울로만 보던 자신의 얼굴을 사진으로 확인했을 때의 충격과도 같다고 해야 하나? 우리는 거울 속에서 이상적인 우리 자신의 모습을 본다. 이를테면 거울을 볼 때 우리의 뇌는 눈으로 들어온 정보를 그대로 받아들이지 않고 '셀프 보정'을 하는 것 같다. 그러다 우리의 모습이 찍힌 사진을 보는 순간, 우리는 우리 얼굴 위에 내려앉은 주름과 잡티를 보고 깜짝 놀란다. 그것처럼 노무현 대통령이라는 국가기관의 입은 우리가 사용하는 진짜 언어의 모습을 현상해 낸 것이다.

　노무현 대통령은 통속어가 가진 통속성을 간파하고 이를 이용해 자신의 의도와 감정을 효과적으로 전달하는 전략을 취했지만, 이 같은 의사소통 전략은 그의 정적들이 만들어 낸 '말실수 프레임'에 갇혀 버렸다. 그리고 이 말실수 프레임 전략은 국어 체제라는 헤게모니 장치와 결합하면서 매우 효과적으로 노 대통령을 괴롭혔다. 이처럼 그의 사례는 국어라는 헤게모니 장치가 공적인 공간 속에 나타난 통속어를 어떻게 처리하는지, 그리하여 통속어 사용이 어떻게 정치적 문제로 전환되는지를 생생하게 보여 준다.

(다음은 178쪽 〈금지된 언어3〉에서 계속된다.)

3.

우리 사회의 많은 이들은
시험이 평가 대상의 능력을 있는 그대로
보여 준다고 믿어 의심치 않는다.
그러나 지도가 실재를
그대로 반영한다는 믿음이
길 찾기를 불가능하게 하는 것처럼
시험에 대한 우리 사회의 믿음은
현실에서 우리의 방향감각을
마비시킨다.

지금, 여기
배움의
풍경

: 한국어 교실에서는
  한국어를 가르치지 않는다

시험에
대한
열정

다음 빈칸에 들어갈 알맞은 말을 쓰시오.

그 왕국에서는 (①)이 너무도 완벽한 수준에 이르러 한 도의 (②)는 한 시 전체를 담고 있었고, 한 왕국의 (②)는 한 도 전체를 담고 있었다. 시간이 지나면서 그 거대한 (②)들조차 만족감을 주지 못했고, (②) 학교들은 왕국과 똑같은 크기에 완전히 왕국과 일치하는 왕국(②) 하나를 만들었다.

선생은 질문을 한다. 미나 씨, 1번 정답이 뭐죠? 미나는 준비했다는 듯이 웃으며 정답을 말한다. 지도술입니다. 잘했어요. 선생은 미나 옆에 앉아 있는 앤디에게 묻는다. 자, 그럼 앤디 씨, 2번 정답은 뭘까요? 앤디도 망설이지 않고 답을 말한다. 지도입니다. 잘했어요. 선생은 계속해서 한 명씩 학생들을 호명하고 정답을 묻는다. 학생들은 척척 정답을 내놓는다. 교사는 칭찬을 포상으로 던져 준다. 막힘이 없다. 질문-정답-칭찬, 질문-정답-칭찬, 질문-정답-칭찬. 재봉틀로 박음질을 하듯 경쾌하게 수업이 완성된다.

앞서 소개한 지문은 보르헤스의 단편 「과학에 대한 열정」에 나오는 구절이다. 이 지문을 가지고 한국어 수업을 하지는 않겠지만 한국어 수업을 가정한 모의수업 실습에서 실습생들은 보통 이런 식으로 수업을 한다. 나는 원하지 않는 방식이다. 모의수업이 이렇게 전개되면 나는 실습생이 제출한 교안 한쪽 구석에 '시험' '재난' '비대칭' '권력' '문제 풀이'라고 메모해 둔다. 다른 실습생들은 빵점짜리 학생 연기를 하는 중이다. 이들이 연기하고 있는 학생들은 모르는 게 없고, 졸지도 않으며, 수업 중에 다른 생각을 하지도 않는다. 이 학생들은 교사의 말 하나하나에 집중한다. 그야말로 꿈의 교실이다.

과연 그럴까? 실제의 수업을 머릿속에서 시뮬레이션해 본다. 문제 푸는 일에 흥미를 잃은 학생들이 슬금슬금 떠든다. 그런 모습을 보자 교사는 수업에 긴장감을 불어넣고 싶어진다. 떠드는 학생 하나를 골라 교사는 문제의 답이 뭔지 묻는다. 교사의 질문은 교실 안에 차가운 침묵을 끼얹는다. 질문을 받은 학생은 '오, 나에게 왜 이런 시련이'라는 표정으로 말문을 잃고, 다른 학생들은 고개를 숙여 교사의 시선을 피한다.

교사가 가장 쉽게 빠지는 악마의 유혹이 뭔지 아세요? 나는 모의수업에 대한 평가를 이 질문으로 시작한다. 그건 바로 학생들을 시험에 들게 하는 거예요. 이런 말을 하면 모의수업 시연자 중 열에 아홉은 '내가 언제?'라는 표정을 짓는다. 나는 계속 설명을 이어 나간다. 수업에서 문제에 대한 정답을 확인해야 할 때, 굳이 한 사람씩 지목해서 그 학생이 답을 아는지 모르는지 확인할 필요가 없어요. 그냥 전체 학생에게 물어보면서 답을 확인해 가세요. 시연자가 묻는다. 그래도 학생들이 답을 아는지 모르는지 한 명씩 확인해야 하지 않나요?

글쎄요, 한 명씩 지목했다고 해서 그 학생의 머릿속을 확인할 수 있는 건 아니에요. 그렇다고 생각한다면 착각일 뿐입니다. 여러분은 가르치고 있다고 생각하겠지만, 그건 여러분이 학생들에게 교사가 가진 강력한 힘을 행사하는 것에 불과해요. 교실에서 힘의 구도는 비대칭이에요. 압도적인 권력이 교사에게 집중되어 있죠. 그런 힘을 가지게 되면, 누구나 그 힘을 행사하고 싶어져요. 이때 질문은 교사로 하여금 자신이 '상황을 통제하는 자'임을 의식하게 합니다. 자신이 질문할 수 있는 권력을 가지고 있고, 상대방이 내 질문에 대답해야 할 의무가 있음을 확인하는 것이죠. 반대로 학생들에게 이런 질문은 자신이 처한 상황을 통제할 수 없다는 감각만 증폭시킵니다. 일종의 재난이죠. 그렇게 무기력함에 길들여집니다. 이렇게 나의 힘을 확인하는 것. 이것은 은밀하지만 커다란 기쁨입니다. 우리가 신이 된다면 그런 느낌을 받을 거예요. 하지만 그런 질문에서 학생들은 배우지 않습니다. 그들이 배우는 것은 오직 힘에 굴종해야 한다는 사실뿐입니다.

교사는 질문하는 사람이다. 수업 내내 교사는 질문을 한다. 그러나 교사의 질문은 진짜 질문이 아니다. 진짜 질문이 성립하려면 묻는 이가 자신이 묻는 내용에 대한 답을 정말로 몰라야 하기 때문이다. 예컨대 지하철역의 위치를 몰라 행인에게 역의 위치를 묻는 것은 진짜 질문을 하는 행위다. 그러나 교사는 수업에서 자신이 모르는 것을 묻지 않는다. 그러니까 교사는 질문하되 질문하지 않음으로써 학생들을 앎으로 이끄는 사람이다.

질문으로 우리는 거의 모든 행위를 수행할 수 있다. 질문으로 우리는 비난을 할 수 있고(고작 그것밖에 못 해?), 요구를 하기도 하며(그거 한 입만 먹어 볼 수 있을까?), 감탄을 하기도 한다 (이거 정말 괜찮지 않아?). 능숙한 교사는 다양한 종류의 질문을 통해 학생들이 알고 있는 지식을 이끌어 내고 그 지식을 축조해서 새로운 앎을 유도한다. 그러나 학생이 특정 문제에 대한 답을 알고 있는지 여부를 묻는 질문은 그렇지 않다. 그런 질문은 검사하고 판정하는 행위다. 이런 질문은 수업을 불심검문으로 만든다. (자, 잠시 검문이 있겠습니다.) 이 검문을 통해 학생은 정답을 아는 자와 모르는 자로 분류된다. 대답을 못한 책임은 온전히 학생의 몫이 된다. 다시 말해 검문으로서의 질문은 교사의 교육 부재를 공부의 책임을 다하지 않은 학생의 잘못으로 가공한다.

"여러분이 방금 한 것은 수업이 아니라 문제 풀이입니다." 나는 독설을 이어 나간다. "다시 말해 여러분은 2차원 종이 위에 존재하는 질문과 대답의 묶음인 '시험'을 교실이라는 3차원의 공간에 입체적으로 구현한 것일 뿐이죠. 플라톤은 우리의 현실이 이데아의 그림자라고 했는데, 여러분은 교실에서 시험이라는 이데아의 그림자를 만들어 낸 겁니다. 여러 질문의 종류 중에서 판정하는 질문만을 했다면 여러분은 교사가 아니라 인간 시험지이자 답안지의 역할을 한 것뿐입니다." 그렇게 학생들을 시험에 들게 하지 말라고, 문제 풀이 수업을 하지 말라고 몇 번이고 강조하지만, 어김없이 실습생들은 모의

수업에서 문제 풀이를 하고, 학생들을 시험에 들게 한다. 내게는 이미 익숙한 절망이다.

　중국에서 과거제도가 발명된 이후, 이런 고민은 항상 있어 왔을 테니 이런 절망은 2000년이 넘은 절망일지도 모른다. 애초에 시험은 신분제 사회에서 능력주의를 실현할 수 있는 획기적인 발명품이었다. 그리고 사회를 운영하고 조직하는 장치로 끊임없이 진화하며 지금도 전 세계에서 번성하고 있다는 점에서 가장 성공적인 발명품이다. '시험'을 주제로 오랫동안 연구를 이어 온 교육학 박사 이경숙은 다음과 같이 말한다. "시험이 사람들의 정신을 시험이 규정하고 있는 내용과 형식 속으로 수렴"시킨다고.◆ 그에 따르면 시험은 응시자의 자율을 보장하기에 느슨해 보이지만, 사실은 강력한 정신적 통치 장치다.
　그러나 시험은 언제나 실패하는 기계다. 시험을 통해 측정할 수 있다는 능력 중에는 본디 측정할 수 없는 것이 더 많고, 측정할 수 있다고 하더라도 특정한 부분만 측정할 수 있기 때문이다. 이것은 지도도 마찬가지다. 지도는 본질적인 특성상 끊임없이 실패하는 기계, 아니 실패해야만 작동하는 기계다.

◆　　　이경숙, 『시험국민의 탄생』(2017), 푸른역사.

우리는 지도가 실재의 세계를 그대로 반영하지 않는다는 점을 인정한다. 서울시의 지하철 노선도는 서울시 지하철 노선의 실재를 반영하지 않는다. 그러나 지도가 현실을 그대로 반영한다고 믿는 순간, 지도는 작동하지 않고 길 찾기는 지옥이 된다. 보르헤스가 「과학에 대한 열정」에서 상상한 왕국의 크기와 정확히 일치하는 지도는 지도가 아니다.

시험이 특정 평가 대상의 능력을 형상화한 지도라고 생각해 보자. 시험은 질문과 대답의 구조 안에서 누군가의 능력을 효율적으로 시각화하는 지도라는 점에서 매력적이다. 그러나 그 지도는 언제나 지형의 일부만을 보여 주거나, 잘못된 지형을 보여 준다. 하지만 우리 사회가 가진 시험에 대한 열정은 보르헤스가 그린 왕국 사람들의 지도에 대한 열정 못지않다. 우리 사회의 많은 이들은 시험이 평가 대상의 능력을 있는 그대로 보여 준다고 믿어 의심치 않는다. 더 나아가 시험에 의한 분류에 따라 마땅히 혐오하고 차별할 수 있다는 지적 인종주의를 철저히 내재화한다. 그러나 지도가 실재를 그대로 반영한다는 믿음이 길 찾기를 불가능하게 하는 것처럼 시험에 대한 우리 사회의 믿음은 현실에서 우리의 방향감각을 마비시킨다.

우리의 왕국은 보르헤스의 왕국에 점점 가까워지고 있다. 이제 우리는 모든 것을 시험이라는 틀로 평가하고 통제할 수 있다고 믿기 시작했다. 서울대 측에서 청소 노동자를 대상으로 시행한 시험문제들이 그 증거 중 하나이다. 건물 이름을 영어와 한자로 쓰게 하고, 근무하는 조직이 처음 시작된 연도를 찾게 하는 시험문제. 이 시험은 청소 노동자의 청소 능력을 보여 주지 않는다는 점에서 이미 작동하지 않는 지도지만, 원래부터 이 지도의 제작 목표는 청소 노동자의 능력 평가에 있지 않았다. 이 시험의 제작 목표는 관리자에게 자신이 노동자들을 통제하고 있다는 감각을 선사하고, 시험에 의해 분류당한 노동자들에게 무기력과 굴욕감을 부여해 관리자의 통제에 굴종하게 하는 데 있었다.

자 이제 보르헤스 왕국의 끝이 어떠했는지를 문제로 풀어보자.

다음 세대들은 그 널따란 지도가 쓸모없다고 생각했고, 약간은 불경스럽게도 그 지도를 태양과 거울의 자비에 내맡겨 버렸다. 동물들과 거지들이 득실거리고 있는 지도의 (③)들은 남서부의 사막에서 허물어져가고 있다.

위의 3번 괄호 안에 들어갈 말은?

정답은 '폐허'다. 그 폐허가 지금 우리의 눈앞에 당도해 있다.

꼬리가
몸통을
흔든다

악당이 되는 꿈을 꾼다. 그 꿈속에서 나의 지상 과제는 당연히 세계 정복이다. 영화 속 미치광이 과학자처럼 나 또한 나름의 그럴싸한 계획을 가지고 있다. 그 계획은 다음과 같은데, 코끼리를 냉장고에 넣는 것만큼이나 간단하다.

1단계. 놀라운 바이러스 개발 능력을 가진 과학자 집단이 나를 광적으로 추종하게 만든다. 힘들겠지만 그들이 내 눈만 바라본다면 뭐 어떻게든 될 것이다. 자, 내 눈을 바라봐.

2단계. 이 과학자 집단에게 자신이 싫어하는 외국의 언어를 배우지 않으면 1년 안에 죽음에 이르게 되는 바이러스를 만들게 한다. 살아남으려면 단순히 외국어를 배우는 것만으로는 안 된다. 속 깊은 이야기를 할 수 있을 정도로 외국어 능력을 키워야 바이러스가 활성화되지 않을 것이다. 이것도 뭐 영화에 나오는 악당처럼 과학자들을 윽박지르면 어떻게든 되리라 생각한다.

드디어 3단계. 바이러스를 퍼뜨리고 세계를 협박한다. 아마 다들 무시하겠지. 그러나 1년 후 사람들은 현실을 직시하게 될 것이다. 감염된 이들 중 내 경고를 진짜로 받아들이고 외국어를 익힌 이들은 살아남을 것이고, 그렇지 않은 이들은 종말을 맞이할 것이다.

이런 엉터리 악당이 정말로 나타난다면 한국어를 배우는 이들은 살아남을 수 있을까? 유감스럽지만 전망은 어둡다. 우선 한국어라는 언어 자체가 대부분의 외국인들에게는 매우 낯선 언어다. 1963년 미국의 소설가 로저 젤라즈니는 『전도서에 바치는 장미』라는 SF 소설에서 이렇게 썼다. "화성어의 빙빙 돌려 말하기와 복잡한 완곡어법은 한국어를 능가할 정도였다." 이 말인 즉슨 한국어는 외계어나 마찬가지라는 뜻이다. 지금은 배워 볼 만한 언어, 배워 보고 싶은 언어의 위상을 가지게 되었지만 그래도 여전히 한국어는 생경한 언어이다.

그렇지만 내가 한국어 학습자들 대부분이 악당의 희생자가 될 것이라고 보는 결정적인 이유는 따로 있다. 그 이유는 바로 이것이다.

'한국어 교실에서는 한국어를 가르치지 않는다.'

그럼 뭘 가르치냐고? 한국어 교실에서는 한국어 대신 한국어 시험 잘 보는 기술을 가르친다. 물론 처음부터 그런 것은 아니었다. 내가 가르치는 한국어 교실에 앉아 있던 그 빛나는 눈빛들을 기억한다. 계속되는 좌절에도 '한국어로 말하고 싶어, 한국어를 알아듣고 싶어, 한국어로 소통하고 싶어'라는 듯 외치던 그 눈빛들. 두려움에 떨면서도 길거리에서 한국인들에게 길을 묻는 과제를 수행하던 상기된 얼굴들. 쉬는 시간에 한국어인 듯 아닌 듯한 자기들만의 언어로 즐겁게 떠들던 모습들. 열정으로 충만한 그 모습들은 열악한 처우에도 불구하고 한국어 교사들이 일을 그만두지 못하게 붙들었다. 그러나 '토픽TOPIK'이라 불리는 한국어능력시험이 절대 반지의 위세를 갖게 되면서, 한국어 교실에서는 그런 모습들이 점점 사라져 갔다.

교실의 풍경을 보면 변화를 알 수 있다. 이제는 오랜 역사를 자랑하는 한국어 교육기관에서조차도 수업 시간에 엎드려 자는 학생들을 볼 수 있다. 밤에는 토픽 문제풀이 수업을 하는 학원에서 시험 기술을 연마해야 하니, 낮에는 한국어 교실에서 부족한 잠을 보충하는 것이다. 대학에 입학하려면 토픽 점수가 필요하니까 어쩔 수 없다. 한국어로 진짜 의사소통을 할 수 있는지는 중요하지 않다. 시험 점수를 따는 게 우선이다.

　그나마 이 정도면 양반이다. 존립을 위해 어떻게든 외국인 유학생을 유치해야 하는 대학들은 한국어 교육기관에 노골적으로 '문제풀이식' 수업을 할 것을 요구한다. 그렇게 한국어가 아닌 한국어 시험 기술을 가르쳐야 한다는 것은 한국어 교육 현장의 당위이자 상식이 되었다. 가히 한국어 교실의 사막화라고 불러도 될 지경이다. 이런 상황 속에서 진정한 의사소통을 할 수 있는 한국어 교육을 해야 한다고 주장하면 세상 물정 모르는 한심한 이상주의자가 된다. 이주민들을 위한 한국어 교육도 마찬가지다. 이주민들에게 한국어 의사소통 능력은 한국 사회 안에서 생존과 직결되지만, 이들을 위한 한국어 교육도 시험을 중심에 두고 이루어진다. 진짜 한국어 능력? 그건 각자도생, 자기 스스로가 알아서 키워야지.

　평가하는 것, 그리고 그 평가 결과를 활용하는 것 자체를 비판하려는 게 아니다. 교육과정의 완성은 평가이며, 평가가 자리 잡았다는 것은 교육과정이 하나의 온전한 체계로 기능함을 의미한다. 더구나 평가는 제대로 작동하기만 한다면 환류 효과◆를

◆　　　평가가 교육과정 설계와 운영, 학습의 과정에 영향을 주는 현상.

통해 교육과정의 문제점을 개선시키는 순기능을 가지고 있다.

그러나 현실에서는 엉뚱한 환류 효과가 나타나고 있다. 그 중 가장 큰 문제는 평가가 교육과정에서 '교육'을 사라지게 하고 있다는 점이다. 그리하여 평가라는 비대하다 못해 거대해진 꼬리가 너무나 왜소해진 교육과정이라는 몸통을 흔들게 되었다. 지금 한국어 교육의 모습은 흡사 아기 고양이의 몸통에 시베리아 호랑이의 꼬리가 달려 있는 꼴이다. 아니다. 꼬리에 몸통이 매달려 있다고 하는 게 차라리 더 정확하겠다.

한국어를 가르치지 않는 한국어 교실. 이 모순의 교실에서는 시험 공화국 한국 사회가 품은 욕망과 부조리가 그대로 재현된다. 한국적인, 너무나 한국적인 풍경이다.

10월 9일 한글날. 세계 속에서 높아지는 한국어의 위상을 자화자찬하는 기사가 잔뜩 쏟아질 오늘. 그래서 많은 이들이 뿌듯해할 오늘. 미안하지만 나는 악당 노릇을 하려 한다. 눈을 크게 떠라. 그리고 거대하고 화려한 꼬리가 아닌, 점점 말라비틀어지고 허물어져 가는 저 한국어 교육의 몸통을 보라. 꼬리에 짓눌려 질식사할 위기에 처한 저 몸통을.

만날 수 없잖아
느낌이 중요해
난 그렇게 생각해

화상회의 중이었다. 서로 의견을 좁히지 못해 감정이 점점 격앙되고 있었다. 논의가 제자리를 빙빙 돌며 다들 지쳐 갈 때, 화면 저편에서 이 말이 튀어 나왔다. "아니, 여기서 이러지 말고 그 이야기는 만나서 하시죠."

처음에는 발끈했다. 만나서 하자고? 아니 화면 속의 얼굴들은 허상인가? 우리가 유령인가? 그러나 마음 한편에서는 상대방의 말에 동조하고 있었다. '그래, 이런 건 만나서 이야기해야지.' 이제는 '뉴노멀'이 된 화상회의 프로그램을 통해서 우리는 만나고 있는 것일까 아닐까? 모니터 안 수많은 사각형 액자 속의 사람들은 정말로 나를 만났다고 생각할까? 이쯤에서 자꾸 노래 가사 하나가 떠오른다. '만날 수 없잖아. 느낌이 중요해. 난 그렇게 생각해.'

　내가 이 이야기를 꺼내는 까닭은 어떤 장소에 대해 말하기 위해서다. 가장 공적이지만 또 한편으론 가장 은밀한 장소. 아 이상한 장소는 아니다. 내가 말하는 공적인 동시에 은밀한 장소란 바로 교실이다. 우리 모두 다 잘 알고 있다고 생각하지만 막상 그 안에서 무슨 일이 일어나는지 잘 모르는 곳. 그러나 이제는 아무도 그 교실을 들여다보려 하지 않는다. 교실은 텅 비어 있어 더 이상 가치가 없다고 여겨지는 곳이기 때문이다. 교실은 이제 죽은 것 같다. 아니, 당장은 연명하겠지만 머지않은 미래에 사망 선고를 받을 것 같다. 우리 교육의 미래에 교실은 없다.

　겉으로 보기에 교실의 기능을 정지시킨 것은 재난이다. 그리고 그 재난은 교실을 '화면'으로 바꾸어 놓았다. 교실을 화면으로 대체하는 것이 가능하지 않을 것 같았지만 가능했다며 어떤 이들은 경탄했다. 할 수 있는 능력이 있었는데 그동안 편안한 환경 때문에 하지 않은 것이라고 그 뒤늦음을 한탄하는 이들도 있었다. 이제 정부와 대학은 화면이 교실인 비대면 교육이 우리 교육의 미래라는 복음을 노골적으로 전한다.

교육 관련 학회에서는 비대면 교육에 사용되는 새로운 기술에 대한 논의로 가득하다. 모두 한목소리로 이렇게 외치는 것 같다. '비대면 교육이, 그것을 가능케 하는 첨단 기술이, 우리를 구원하리라!'

이 복음은 사실인 것처럼 보인다. 우리 집 초등학생도 1년간의 수업을 무사히 완수했으니까. 물론 아이가 교육 동영상을 3배속으로 틀어 놓고 게임 유튜브 영상을 시청했다는 건 비밀이다. 어쩌다 학교에 가도 시험만 쳤기 때문에 아이가 학교에 가기 싫어했다는 것도 비밀로 하자. 교우 관계가 끊어지고 '우리 선생님이 그러는데'라는 말 대신 '어떤 유튜버가 그러는데'라는 말을 입에 달고 살았다는 것도 말하지 않겠다. 부모의 입장에서 지난 1년간 아이가 받은 K교육의 핵심 원리가 '했다 치고'와 '너희들이 알아서 해'로 느껴졌다는 사실은 무덤까지 안고 가려 한다.

교육 현장의 주체들은 지난 1년간의 비대면 교육이 실패였다는 것을 안다. 적어도 비대면 교육이 대면 교육의 보완재는 될 수 있지만 대체재가 될 수 없다는 것은 누구나 공감할 것이다. (대체재가 되었다면 왜 대학생들이 등록금 반환을 요구하겠는가?) 왜 비대면 교육은 대면 교육의 대체재가 될 수 없냐고? 가르침과 배움이란 공동체 안에서 함께하는 몸을 통과해 얻는 것이기 때문이다. 사회언어학에서는 이를 실행 공동체라는 개념으로 설명한다. 학습이란, 추상적인 지식의 묶음을 전달받아서 이루어지는 것이 아니다. 참여와 상호 개입 같은 실행을 통해 공동체의 온전한 일원이 되는 과정에서 이루어지는 것이다. 그럼으로써 실행 공동체는 그들만의 언어를 가지게 된다.

교실은 이러한 참여와 상호 개입의 장이다. 거기에는 우리의 몸이 함께 있다. 우리의 몸은 그렇게 쉽게 무시하거나 지워 버릴 수 있는 것이 아니다. 교사가 나와 함께 있다는 느낌, 같이 공부하는 사람들이 함께한다는 느낌, 이 느낌들은 몸에서 나온다. 그리고 그런 느낌들은 학습의 토대가 된다. 화상회의를 통해 우리는 화면 속에서 서로의 얼굴을 쳐다보고 있지만, 우리의 몸이 같은 공간에 함께한다는 느낌, 우리가 학습 공동체라는 느낌을 얻을 수는 없다. 하지만 이 느낌이 중요하다. 나는 그렇게 생각한다.

실시간 온라인 대면 수업이 시작되던 초기, 침대에 누워 수업을 듣는 학생이 있었다(내가 이름을 부르자 벌떡 일어났다). 맥주처럼 보이는 음료수를 마시는 학생도 본 적 있었다(설마 내가 헛것을 본 거겠지). 그 학생들도 화면 속에서 나와 다른 학생들의 얼굴을 봤겠지만 자신들을 학습 공동체의 일원이라고 느끼지 못했을 것이다. 그 이유? 그들의 몸이 다른 공간에 분리되어 있었기 때문이다. 이렇게 생각해 보면 이 학생들은 나름 합리적인 행동을 한 것이다. 이와 같은 관점에서 '만나서 이야기하자'던 화상회의 참여자도 말이 안 되는 소리를 한 게 아니다. 우리는 만나고 있었지만 사실 만나고 있지 않았던 것이다.

온라인 대학 교육의 모범 사례로 호명되는 미네르바 스쿨◆의 성공 공식도 '몸의 부재'를 극복하고 '함께하고 있음을 느끼게 하기'에 있다. 미네르바 스쿨은 온라인으로 수업을 했기 때문에, AI를 활용했기 때문에 성공한 것이 아니다. 온라인으로 수업을 하지만 이 학교의 학생들은 기숙사에서 함께 생활한다. 소수의 학생들이 참여하는 수업에서는 끊임없는 상호작용과 교수의 피드백이 주어진다. 미네르바 스쿨은 이렇게 공동체를 만들고 학생들을 그 공동체 안에서 성장시킨다.

대학들이 자신들의 미래를 보장해 줄 것처럼 매달리고 있는 온라인 대중 강의MOOC가 실패한 이유도 바로 이 공동체의 부재에 있다. 언제 어디서나 학습할 수 있다며 교육의 미래처럼 포장되고 있지만 MOOC의 실제 수업 이수율은 극히 낮다. 언제 어디서나 학습할 수 있다는 말은 언제 어디서나 학습이 이루어지지 않고 방치된다는 말과 같다. 학습자들을 시청자로

◆　　2011년에 개교한 미국의 혁신대학. 캠퍼스가 따로 존재하지 않고, 오로지 온라인으로만 수업이 진행된다. 동시에 학생들 전원이 기숙사 생활을 하게 되는데, 1년마다 기숙사 위치를 바꿔야 한다. 7개 국가를 돌며 구글, 애플, 아마존 등 글로벌 기업에서 인턴십과 이론 실습을 함께 경험하기도 한다.

만드는 MOOC의 사례는 아무리 수업 내용이 좋다 한들, 아무리 기술이 발달한들, 어떤 AI가 등장한들 교육이란 결국 사람이 서로를 살펴야 하는 일, 사람의 품을 팔아야 하는 일이란 것을 보여 준다.

어찌된 일인지 정부와 대학의 눈에는 비대면 교육의 실패가 보이지 않는 것 같다. 오히려 실패를 성공으로 포장하면서 비대면 교육을 혁신이라고 부르고 있다. 믿기 힘든 소문도 모두가 소란스럽게 이야기하면 사실이 되는 법이다. 롤랑 바르트식으로 말해 보자. 지난 1년간 정부와 대학은 코로나 이전으로 돌아갈 수 없다는 말, 포스트 코로나라는 말, 언택트라는 말, 온갖 수사를 동원해 실재하지도 않는 '비대면 교육의 성공'을 신화화했다. 더 나아가 비대면 교육을 우리 교육의 혁신이자 미래로 선언했다. 그리고 이 선언을 물리적 법칙처럼 자명한 이치이자 상식으로 만들었다. 바르트가 말하는 '자연화'다.

자명한 이치가 되었기 때문에 교육 당국과 대학의 구성원들은 비대면 교육이 과연 우리의 미래인지에 대해 의문을 갖지 않는다. 이들은 자명한 이치에 의해 조종되는 마리오네트가 되었다. 마리오네트들이 질문하는 것을 잊자, 이윽고 재난자본주의가 작동하기 시작했다. 재난을 핑계로 정부는 비대면 강의에 대한 규제를 풀고, 대학은 이를 교육의 질을 담보하는 수단이 아닌 구조 조정을 위한 기회로 삼으려 한다.

지난 1년, 재난이 밀려든 교육 현장에서 교육 주체들은 처절하게 싸웠지만 처절하게 실패했다. 교육 현장에서 유일하게 승리한 것이 있다면 그것은 바로 재난 자본주의이다. 교육은 작동하지 않고 있지만 재난 자본주의는 째깍째깍 잘 작동 중이다. 재난 자본주의는 재난으로 기왕 이렇게 되었으니 학생을, 선생을, 그리고 교실을 버리라 한다. 교실을 박제된 선생이 나오는 복제된 화면으로 바꾸라 한다. 그리고 그 화면에 무한대의 학생들을 집어넣으라 한다.

그러나 정답은 결국 교실에, 교실의 공동체를 복원하는 것에 있다. 사실 교실이든 화면이든 만나는 것 자체가 중요한 것은 아니다. 한 번을 만나도 공동체와 함께한다는 느낌이 중요하다. 교육 주체들에게 그 느낌을 가질 수 있게 하는 것, 그것이 우리 교육의 미래가 되어야 한다. 나는 그렇게 생각한다.

한국어,
착취의
언어

"다음 학기에 내가 너부터 잘라 줄게." 부원장이 한쪽 입꼬리를 올리며 혀 꼬인 목소리로 내게 말했다. 순간 멈칫했지만 정신이 번쩍 들지는 않았다. 그러기에는 원장이 준 폭탄주에 너무 취해 있었다. 한국어 교육원 강사들의 불만을 청취하겠다고 만든 자리였다. 강요된 폭탄주가 계속 돌았고, 어느 순간 나는 정신을 놓고 원장에게 이 월급으로 당신은 살 수 있냐며 따지고 있었다. 불만을 말하라기에 불만을 말했다. "한국어 수업한 시간 준비하는데 평균 서너 시간이 소요됩니다. 아십니까? 교사 자비로 교자재를 사서 수업을 준비하는 게 맞습니까?" 원장의 얼굴이 점점 더 일그러져 갔다. 너는 내가 반드시 잘라 준다, 부원장이 다시 말했다. 원장은 제지하지 않았다. 역시 2인자는 1인자의 마음을 잘 읽어야 한다.

이튿날 새벽, 머리를 싸맸다. 이제 어디로 가지? 다른 학교에는 한국어 강사 자리가 있을까? 그러다 대학원 시절의 한 모임이 생각났다. 처음 만난 대학원생 중에 한국어 교육기관에서 잔뼈가 굵은 이가 모임에 앉아 있었다. 그가 나를 보고 웃으며 말했다. "정말 이 일 할 수 있겠어? 이 일해서 받는 돈이 얼마인지는 알아? 결혼이나 할 수 있으려나 몰라?" 현실을 당위로 받아들이는 듯한 그의 말이 씁쓸하고 언짢았지만 웃어넘겼다. 세상은 좋아지고 있고, 앞으로도 좋아질 거니까. 월드컵도 열리잖아. 오 필승 코리아.

세상에. 세상이 좋아진다니. 잘못된 믿음이었다. 나는 밀려드는 숙취와 걱정 속에서 뇌까렸다. 출근 후 부원장을 찾아가 머리를 조아렸다. 부원장은 자신도 많이 취해 기억이 안 난다며 멋쩍은 웃음으로 내 사과를 받았다. 나는 안도의 한숨을 내쉬었다.

그러니까 나는 대학이란 설국열차의 꼬리 칸 탑승자였다. 아들이 대학에서 일한다는 것을 자랑스러워하는 아버지가 물었다. 그러니까 너는 교수냐? 아니요. 그럼 시간강사냐? 그것도 아니래요. 그럼 뭐냐? 글쎄요. 나는 '강사'라는 말 앞에 복잡한 수식이 붙은 내 직함에 대해 설명해 드렸다. 하지만 아버지는 이해하지 못했다. 본래 직함 앞에 뭔가가 붙으면 붙을수록 그 직함은 아무것도 아닐 확률이 높은 법이다. 나는 대학에서 아무것도 아닌 사람. 그냥 선생님. 한국어 선생님이었다.

무슨 일 하세요? 한국어 선생님입니다. 아 영어 잘하시겠어요. 아니요 못 해요. 저도 나중에 한국어 가르치고 싶어요. 아 그러세요. 한국 사람이면 누구나 한국어 가르칠 수 있잖아요. 아 그렇군요. 한국어 교원자격증 따서 자원봉사할래요. 아 네 저는 직업인데요.

사람들이 말하는 그 쉬운 직업은 결코 쉽지 않았다. 교사가 된 첫 학기, 어떤 학생은 교실을 뛰쳐나가고 어떤 학생은 항의했다. 자존감은 바닥에 떨어졌다. 수업이 끝나면 매일 회의 회의 회의. 토론 토론 토론. 준비 준비 준비. 친절 친절 친절. 아이디어를 짜고, 교안을 쓰고, 작두로 종이를 썰고, 코팅기로 카드를 만들고, 교실에서 친절한 표정으로 고래고래 소리 지르는 삶. 가족이 병원에 실려 가도 미소를 지으며 학생들과 대화하는 삶. 정신노동과 육체노동, 무엇보다도 감정 노동 사이를 왕복하는 시간들. 그렇게 적응했고 주당 평균 20시간, 많게는 30시간씩 강의를 했다. 시간당 급여는 적었지만 대신 많은 시간을 일하면 먹고살 수는 있었다. 동료들은 몸이 망가지거나 마음이 망가져 갔다.

　세상은 좋아지지 않았다. 그래도 새로운 가족이 생겼다. 꼬리 칸을 벗어나고 싶었다. 학위를 취득했고 교수 자리를 놓고 하는 의자 뺏기 놀이에 끼어들었다. 그러다 운 좋게 남들보다 먼저 의자에 앉게 되었다.

　그 의자에 앉아서 나는 한국어 교육에 대해 가르친다. 인간이 두 번째 언어를 어떻게 습득하는지 가르치고, 온갖 언어 교수법에 대해서 가르치고, 외국어로서의 한국어와 제2언어로서의 한국어가 어떻게 다른지 가르친다. 한국어가 세계로 뻗어 나간다는 둥, 국위 선양이라는 둥 하는 한국어 교육에 대한 이미지가 제국주의적 은유로 가득 차 있다고 가르친다. 이미 다문화 다언어 국가로 진입한 한국에서 한국어 교육은 사회 통합의 문제이며, 새롭게 한국 사회로 진입한 외국 출신의 시민들에게 반드시 제공되어야 하는 사회적 인프라라고 가르친다. 시민들을 위해 도로를 건설하는 것처럼, 한국어 교육은 그들에게 한국 사회로 통하는 길을 만들어 주는 일이라고 가르친다.

　그렇게 열변을 토한 후면, 꼭 몇몇 학생들이 한국어 교사가 되겠다면서 나를 찾아온다. 그러면 나는 학생들을 극구 말린다. 처우가 너무 안 좋아. 교육기관에서는 한국어 교사를 언제든지 대체 가능한 부품으로 봐. 14시간 이상 강의를 주면 무기계약직으로 전환시켜야 해서 강의도 많이 안 주지. 3만 원 될까 말까 하는 시급에 강의 수도 적으니 월 100만 원 꼴밖에 못 벌어. 좋은 한국어 교사가 만들어지려면 긴 시간이 걸리는데, 경력이 있는 사람들은 버티다 결국 다 떨어져 나가고, 그 자리를 경험 없는 새 교사들이 채워. 그들도 경험이 좀 쌓일 때쯤 지쳐서 나가고, 또 같은 일이 일어나. 악순환이지. 한국어 교육의 질? 그런 것에 대해 대학은 관심 없어. 더 많은 유학생들을 들여오고 더 많은 이윤을 남기는 데 관심이 있지.

정부에서 하는 한국어 교육 사업도 마찬가지야. 거긴 더 열악해서 시간당 2만 8천 원을 줘. 한국어 교육을 아르바이트와 같은 일이라고 생각한다는 증거야. 이주민들을 대상으로 그래도 뭔가 하고 있다고 생색만 내는 거지. 한국어 교육과 관련된 정부 부서는 교육부, 문화관광부, 외교부, 법무부, 여성가족부 다섯 군데나 있어서 한국어 교육을 둘러싸고 서로 영역 싸움을 해. 하지만 교사 처우에 대한 관심은 없지. 엄연히 가르치는 일을 하는데 교육부에서는 고등교육법을 들먹이며 한국어 교사는 법적 교원으로 인정하지 않아.

이 법 저 법이 그어 놓은 선이 있는데, 한국어 교원은 그 어느 선 안에도 들어갈 수 없어. 한국어 교사들은 성안으로 절대 들어가지 못하는 카프카 소설 속 주인공처럼 한국 사회를 유랑하는 유랑민들이야. 그들은 분명 존재하는데, 존재한 지도 너무나 오래되었는데, 법은 그 존재를 인정하지 않는 거야. 그렇게 한국어 교사는 경계 밖의 존재가 됐고, 한국어를 가르치지만 목소리가 없는 존재가 됐어. 말하자면 한국어 교육 업계는 착취 공장이야. 그러니까 한국어 교사, 하지 마. 묻지도 따지지도 않고 손쉽게 딸 수 있다고 떠벌리는 한국어 교원자격증 장사꾼들은 믿지도 말고.

한국어 교사가 되는 것을 말리는 한국어 교육학 교수. 그렇게 학생을 돌려보내면 나는 자괴감에 빠져 울고 싶어진다. 나는 과연, 누구인가?

나는 누구인가? 나는 착취 공장 체제의 중간 관리자다. 나는 누구인가? 착취에 복무하면서도 한 줌의 알량한 양심이나마 있는 척하는 위선자다. 나는 누구인가? 나는 내 동료들의 착취당한 노동에 달라붙어 기생하는 존재다.

누군가는 한국어가 아름다운 언어라고 한다. 어떤 언어가 아름답다고 할 때 기실 그 뜻은 그 언어가 자신에게 제일 익숙하다는 의미에 불과할 뿐이어서 나는 그런 말에 냉소적이다. 그래도 가끔 홀리듯 한국어의 아름다움에 빠질 때가 있다. 그러다 그 한국어로 노동하는 한국어 교사들을 떠올린다. 제 삶을 갈아 넣는 한국어 교사들의 부당한 노동 위에 기생하는 나와, 한국의 대학과, 한국 사회를 떠올린다. 그 노동을 생각하며 홀로 묻는다.

'저 언어는 과연 아름다운가.'

그녀가
갈 수
없는 곳

그녀는 베트남에서 온 란이다. 그녀는 중국에서 온 왕리이기도 하고, 필리핀에서 온 자넷이기도 하다. 그녀의 이름이 지영이면 또 어떤가? 사실 그녀에게 이름은 없는 것이나 마찬가지다. 그녀가 사는 세계에서 그녀에게 부여된 특성이란 외국 출신이라는 점과 '결혼한 여자'라는 것뿐이고, 그 이외에 그녀에게 부여된 고유한 개성은 전혀 없으므로.

그녀는 한국어 조사 '-에'를 배운다. 그녀에게 '-에'는 다음과 같이 설명된다.

-에:「조사」명사와 결합하여 사물이나 건물, 장소의
위치를 표현하는 격조사.

이 설명은 언어의 불순물을 거르고 걸러 만들어 낸 순수하
고 단단한 결정 같다. 거기에는 균열도 없고 티끌 같은 흠도 없
다. 누가 감히 여기에 어떤 편견이나 차별이 개입될 수 있다고
말할 수 있는가? 그녀는 이런 '-에'를 이용해 세탁기가, 냉장
고가, 텔레비전이, 침대가, 전기밥솥이 어디에 있는지 말한다.
그녀의 남편은 묻는다. 여보, 양말은 어디에 있어요? 서랍 안
에 있어요. 어느 서랍에 있어요? 침대 옆 서랍에 있어요. 안경
은 어디에 있어요? 그것은 책상 위에 있어요.

그녀는 16년 전 만들어진 결혼이주여성을 위한 한국어 교
재 속에서 산다. 사람들은 한국어 교재를 한국인들이 잘 쓰지
않는 유치한 문장이 잔뜩 쓰여 있는 책이라고 생각할지 모르
겠다. 그러나 언어 교재는 일종의 가상 세계이다. 그 가상 세계
에서는 가상의 인물들이 서사를 만들어 내며 살아간다. 거기
에는 은폐된, 그러나 단단한 세계관이 있다.

우리의 주인공이 사는 세계는 대화문과 문법 및 문형 연습,
여러 예시문 속에 건설되어 있다. 앞서 소개한 대화문은 그녀
가 어떤 세계에 사는지 보여 준다. 그녀는 남편의 질문에 대답
하기 위해 존재하는 사람이다. 이 대화에서 그녀는 묻지도 따

지지도 않는다. 매일 신는 양말도 못 찾는 남편에게는 질문할 권리가 있지만, 그녀에게는 질문할 권리가 없다.

조사 '-에'가 제시된 이 교재의 세계를 다시 둘러보자. 이 세계에서 장소란 '집 안'의 방들만을 가리킨다. 사물들은 가전이나 가구뿐이다. 이를테면 한국어 조사 '-에'가 사용되는 이 세계에서는 결혼이주여성의 신체가 집 안에만 머물도록 설계되어 있다. 새롭게 배운 언어로 이 여성이 말할 수 있는 것은 집 안 물건의 위치뿐이다.

그렇다면 결혼이주여성을 위한 교재가 아닌 다른 일반 한국어 교재 속 세계는 어떤 모습일까? 일반 한국어 교재의 '-에'가 등장하는 단원에는 우체국, 약국, 극장, 백화점, 공항, 남산, 인사동, 대학로가 등장한다. 그러나 이런 장소들은 그녀가 갈 수 없는 곳이다. 그녀가 사는 세계에서 그녀는 집 밖으로 나설 수 있는 존재, 길 위에서 자신이 가고 싶은 곳을 찾을 수 있는 존재, 자신의 물건이 어디에 있는지 물을 수 있는 존재가 아니기 때문이다.

그녀는 이제 연결어미 '-아/어서'를 말할 수 있다. 당신이 금요일 저녁에 집에 '가서' 맥주를 마시고, 토요일 아침에 늦게 '일어나서' 브런치를 느긋하게 즐겼다고 말할 때 쓰는 바로 그 연결어미 말이다. 당신은 그녀에게 이렇게 설명할 수 있을 것이다. "이 연결어미는 선행하는 절의 내용이 후행하는 절의 내용으로 이어지는 것을 의미해요. 사람들의 일상이나 일과를 이야기할 때 쓸 수 있어요. 자, 이 문법을 이용해서 자신의 일상을 이야기해 보세요."

이런 설명에 도대체 무슨 차별이 있나? 그녀는 이 연결어미를 이용해 자신의 일상을 이야기할 수 있다. 그녀의 일상은 이렇다. '마당에 나가서 빨래를 하고' '계란을 삶아서 먹고' '친구를 만나서 시장에 가며' '과일을 씻어서 접시에 담는다'. 또는 '아침 6시에 일어나서 아침을 준비한다.' 그녀의 세계에서 그녀가 일상을 영위하는 공간이란 집과 시장뿐이다. 그녀가 행하는 대부분의 행위는 가족을 위해 이루어지는 노동이다. 그녀는 한 대화문에서 "차례 준비는 누가 해요?"라는 선생님의 질문에 이렇게 답한다. "형님하고 제가 같이 할 거예요. 설날 아침에는 일어나서 떡국만 끓이면 돼요." 그녀는 누구를 위한 일상을 사는가?

이 글은 오래전 출간된 교재를 비판하기 위한 것이 아니다. 정치적 공정성을 담보하지 못한 한국어 교재들의 문제점들에 대해서는 그간 학계 내에서 많은 비판과 반성이 있었고, 실제로 이를 개선하는 작업 또한 이루어지고 있다. 내가 이 교재의 세계관을 언급하는 이유 중 하나는 문법과 문법 교육이 중립적이지 않음을 보여 주기 위해서이다. 문법은 우리의 행위를 규율할 때 사용되는 틀이다. 외국어 교육에서 문법 교육은 문법을 통해 학습자가 어떤 사회적 행위를 하도록 유도하는 일, 나아가 어떤 행위자가 되라고 요구하는 일이다. 우리는 문법을 순수한 결정체로 표상하지만, 사실 문법은 질척이는 현실과 우리의 삐걱거리는 육체 속에 스며들어 있다. 우리는 문법에서 그 육체성을 떼어 낼 수 없다. 역으로 문법 교육의 내용은 문법과 더불어 우리에게 어떤 사회적 행위가 체화되어 있는지, 또는 특정 대상에게 어떤 사회적 행위를 할 것을 요구하는지 은연중에 노출시킨다.

외국어 교재는 학습자들에게 그 목표 언어를 사용하는 사회의 '상식'을 구축하게 하고 그 상식을 학습자들의 몸에 주입시킨다. 그런데 손님으로서 한국어를 배우는 학습자들을 대상으로 하는 교재의 상식과 결혼이주여성처럼 '우리 식구'가 된 학습자들에게 들이대는 상식은 다르다. 손님 학습자들에게 적용되는 상식이 그들 눈에 우리 사회가 이렇게 비쳤으면 하는 욕망으로 나름의 체면을 차린 것이라면, '식구'를 위한 상식에는 이런 체면을 차리지 않는다.

그래서인지 앞서 살펴본 교재에서는 한국 사회가 여성에 대해 가지고 있던 체면 차리지 않는 상식을 가감 없이 드러낸다. 어떻게 보면 교재 속 결혼이주여성들은 이 사회의 무의식이 눈치 보지 않고 가부장제의 욕망을 그대로 투영할 수 있는 최

적화된 대상이다. 이들은 어떠한 사회적 문화적 자본도 가지고 있지 않은 존재들, 심지어 언어 자본도 없는 이들이기 때문이다. 이 교재는 남편의 어이없는 요구를 비난하지 않고, 명절 준비에도 갈등하지 않는 가부장제 맞춤형 여성의 '순수한' 표상을 보여 준다. 본래 이 표상은 여성의 이름이 란이든, 왕리이든 혹은 지영이든 간에 이 땅의 모든 여성들이 본받아 마땅한 것이었다.

차별하는 사람들을 생각할 때 우리는 대개 악당의 모습을 떠올린다. 그러나 차별은 악당의 모습을 하고 있지 않다. 오히려 차별은 눈에 보이지 않는다. 생각해 보라. 문법 교육에 무슨 차별이 있겠는가? 교재 제작자 중 누가 자신이 차별을 행하고 있다고 생각하겠는가? 그러나 교재의 내용을 보면 그녀가 갈 수 없는 곳, 할 수 없는 말로 가득하다.

이처럼 우리는 차별하지 않으면서도 차별한다. 차별은 체계이기 때문이다. 이 체계로서 차별을 작동시키는 역학의 핵심은 차별하는 사람들로 하여금 자신이 차별하고 있음을 느끼지 못하게 하는 것이다. 부끄럽지만 사회에서 유통되는 언어의 성질을 살펴보면 볼수록 나는 내가 차별의 체계를 구성하는 일원임을 깨닫는다.

나는 차별한다. 내가 여기에 올 수 있었던 것은 그녀가 갈 수 없는 곳들이 있었기 때문이다. 나는 차별한다. 내가 말할 수 있는 것은 그녀가 말할 수 없었기 때문이다. 나는 차별한다. 내가 가질 수 있던 많은 것들은 그녀가 가질 수 없었던 수많은 것들 때문이다. 이렇듯 내가 위치한 이 공고한 세계는 그녀에게 금지된 것들 위에 세워져 있다.

요즘 도처에 깔려 있는 집게손을 찾는 숨은그림찾기가 유행이라고 한다. (흔하디흔한 손 모양으로 누군가의 사상을 검증하겠다는 사고의 위험성은 여기서는 굳이 언급하지 않기로 하자.) 그러나 진짜 숨은 그림은 집게손이 아니다. 진짜 숨은 그림은 자신이 신는 양말이 어디에 있는지 묻는 교재 속 남자가 아닐까? 이제 보인다. 남자의 얼굴 속에는 아무 잘못도 안 했다는 표정을 짓고 있는 내 모습이 숨겨져 있다.

금지된 언어 3 : 구어의 발견

혹시 로봇이세요?

대부분의 사람들은 박근혜 대통령을 정말 말을 못하는 인물로 기억할 것이다. 그러나 그런 기억이 무색하게도 박근혜 대통령의 화법에 대해서는 긍정적인 평가가 많았다. 대선 후보 시절과 대통령 취임 초기, 그에 대한 언론의 평가는 대체로 긍정적이다.

박 후보의 화법은 '정제된 단문 단답형'입니다. 군더더기 없이 간결하게 필요한 메시지를 전달합니다. 특히 거두절미하고 핵심만 반문하는 반어법은 꽤 유명합니다. "전방엔 이상이 없습니까" "국민도 속고 나도 속았다"라는 어록들이 대표적이죠. 이는 원칙과 신뢰를 중시하는 이미지로 이어집니다. 그러나 문어체 스타일이라는 게 단점입니다. 청중 입장에선 국어 교과서를 읽는 듯한 지루함, 답답함을 느낄 수 있습니다.
– 연합뉴스TV 2012년 11월 20일, 〈대선 상황실: 그들에겐 특별한 화법이 있다〉

박근혜 대통령의 간결한 화법은 말 많은 세상에서 말의 적음이 오히려 더 강력할 수도 있다는 역설을 과시했다. 그의 다듬어진 문어체는 절제된 인격의 표현인 듯 고고한 인상을 주었고 때로는 비수처럼 예리한 정치적 효과를 발휘하기도 했다.
– 한겨레 2013년 10월 6일, 〈염무웅 칼럼: 참 나쁜, 더 나쁜, 가장 나쁜〉

박근혜 대통령이 본래 보였던 말하기 양식은 이것이었다. 단답형 문어체 말하기 방식. 그는 로봇처럼 말한다. 만약 우리 사회가 인간과 로봇이 섞여서 함께 사는 곳이었다면, 박근혜 대통령은 로봇으로 의심받았을 것이다. '국어 교과서를 읽는 듯한 지루함, 답답함'은 그냥 생겨나는 인상이 아니다. 그러나 이런 말하기 양식은 '원칙' '신뢰' '절제된 인격'과 같은 긍정적인 가치로 연결된다. 이것도 로봇과 유사하다. 로봇은 원칙을 저버리는 일이 없으니까.

구어가 나타났다

문어체를 구사하는 인간 로봇 같았던 박근혜 대통령은 취임
이후 변화된 화법을 보여 준다. 로봇이 자기 안의 인간성을 발
견하고 각성한 것 같은 모습이다. 취임 초기에 보이는 용비어
천가이겠지만 이러한 변화에 대해 언론의 반응은 대체로 호
의적이었다.

박근혜 대통령 당선인 입에서 연일 비유Metaphor 화법이 쏟
아지고 있다. 평소 딱딱하고 절제된 화법을 자랑하던 '정치
인 박근혜'와 180도 달라진 말투에 당선인 주변 사람들도 놀
랄 정도다. 대선 승리 때까지 늘 긴장된 절제 화법을 써야 했
다면 이제는 여성 대통령이라는 차별된 리더의 모습을 구축
하기 위해 부드러운 통치 화법을 구사하고 있다는 분석이다.
박 당선인이 최근 분과별 국정 과제 토론회에서 쏟아 낸 대
표적 비유 화법은 '손톱 밑 가시'와 함께 '신발 안 돌멩이'다.
그는 지난 25일 경제1분과 토론회에서 "신발 안에 돌멩이가
들어 있어서 걷기가 힘들고 다른 이야기가 귀에 들어올 리
없다"며 새 정부가 현장 애로 사항 청취에 주력해야 할 것이
라고 당부했다. 이틀 뒤 경제2분과 토론회에서는 '분만실 산
모, 정책의 등대' 등 더 많은 비유 표현을 제시해 인수위원들
의 귀를 사로잡았다… 연일 소탈한 단어들을 조합해 제시하

는 박 당선인 비유법에 대해 심리학과 교수들은 두 가지 목적이 있다고 해석한다… 이 관계자는 "비유는 이해하기도 쉽지만 그래서 더욱 머릿속에 오래 남는 특성이 있다"며 "당선인이 의도적으로 비유를 쓰는 것은 고압적이고 일방향적인 공무원들에게 자기 메시지를 되도록 오래 기억하게 하려는 고도의 통치 기술"이라고 평가했다.

– 매일경제 2013년 1월 28일, 〈박근혜 당선인, 절제 화법서 비유 발언 변신〉

최근 들어 박근혜 당선인은 자신의 국정 비전과 철학을 다른 사람들이 쉽게 이해하도록 다양한 비유적 표현을 쓰고 있습니다. "금강산 구경을 가자 그래도, 다 좋지만 손톱 밑의 가시 때문에 흥미가 없는 겁니다. 이것부터 해결을 해야지!" 누구나 쉽게 이해할 수 있는 비유를 활용하고 유난히 현장을 강조하는 박근혜 당선인의 변화된 화법엔 국민과 소통을 강화하겠다는 의도도 담긴 것으로 보입니다.

– SBS 8시 뉴스 2013년 2월 2일, 〈내가 가 봤더니… 박 당선인의 달라진 화법〉

취임 이후 박근혜 대통령의 말하기 양식에 대해 언론들은 '귀를 사로잡았다' '소탈한 단어' '쉽게 이해할 수 있는 비유' 등으로 긍정적인 평가를 하고 있다. 또한 언론들은 '여성 대통령이라는 차별화된 리더' '부드러운 통치 화법' '고도의 통치 기술'과 같은 표현을 통해 박 대통령의 말하기 양식을 통치자로서의 훌륭한 자질과 연관시킨다. 흥미로운 점은 긍정적인 평가의 근거로 제시하고 있는 다음과 같은 박 대통령의 발언이다.

"신발 안에 돌멩이가 들어 있어서 걷기가 힘들고 다른 이야기가 귀에 들어올 리 없다."
"금강산 구경을 가자 그래도, 다 좋지만 손톱 밑의 가시 때문에 흥미가 없는 겁니다. 이것부터 해결을 해야지."

어떻게 느끼셨는지? 만약 박근혜 대통령의 임기 말이었다면 '박근혜 번역기'가 어김없이 등장했을 것이다. 언론에서는 말하기 양식의 변화를 문어체를 탈피하고 '비유법'을 사용하는 것으로 설명하고 있지만, 사실 이런 변화는 단순히 비유법의 문제가 아니다. 정확히 말하면 취임 이후 박근혜 대통령은 문어체 말하기를 버리고 실제 자신의 입말, 즉 구어를 선보이고 있는 것이다.

여기서 잠깐, 언어학자들이 말하는 구어의 특징에 대해 살펴보자. 여러분들이 실제로 하는 말들을, 즉 구어를 녹음해 전사轉寫한다면 단번에 하나의 특징을 확인하게 될 것이다. 그 특징이란 바로 '무질서'와 '규칙 없음'이다. 음운 층위에서 구어는 음운의 변화, 축약, 첨가 현상(근까, 이케, 쌩맥주, 짤르다)이 많이 나타나며, 형태·통사 층위에서는 문장이 단순하고, 축약이나 문장 성분 생략 현상이 빈번하게 나타난다. 어순이 도치되거나(참, 애매하잖아. 그게) 연결어미로 문장이 종결되는 현상(그게 내가 옛날 드라마를 보고 있어 가지고), 부사어 같은 말들이 반복되는 현상(너무너무, 어디어디), 문장 문법의 관점에서 보면 주술 관계가 맞지 않는 구어 자료도 실제로 많이 나타난다.

이렇게 써 놓고 보니 구어는 정말 엉망진창인 것 같다. 실제로 많은 학자들은 구어를 '비문법적인 것' 또는 '규칙화될 수 없는 자유로움을 가진 것'으로 파악한다. 그러나 이는 문장 문법, 즉 문어의 관점에서 구어를 바라보고 기술했을 때 나타나는 인식이다. 우선 구어는 '문장'으로 포착될 수 없다. 구어의 기본 단위는 문장이 아닌 '억양 단위'이다. 쉽게 말해서 억양 단위는 우리가 한 번 숨을 들이마신 후 내쉴 때까지의 시간이다. 따라서 구어는 문장으로는 기술될 수 없는 내재적인 규칙을 지니고 있다. 그러나 문장이라는 틀로 구어의 현상을 바라보면 구어는 설명이 불가한 무질서와 혼돈의 표본처럼 보일 수밖에 없다. 뒤에서 살펴보겠지만 박근혜 대통령의 구어 발화는 이러한 문장 문법의 관점에서 기술되고 비판받았다.

고귀한 분이 몸을 낮추어 우리의 비천한 언어로 말을 거시다

다시 박근혜 대통령의 발화 양식의 변화로 돌아가 보자. 취임 초기, 박 대통령은 '비문법적인' 구어 발화를 선보였지만, 언론의 반응은 호의적이었다. 이러한 반응은 노무현 대통령의 발화에 대한 언론의 반응과는 대조적이다. 왜 그런 것일까? 박 대통령의 변신에 대한 언론의 호응은 부르디외가 분석했던 프랑스 베아른Béarn 지방의 한 신문 기사를 연상시킨다.

이 기사는 표준 프랑스어가 아닌 베아른어*가 사용되는 포 Pau라는 도시에서 이루어진 한 시인에 대한 수상식을 다룬다. 베아른어로 시를 쓴 시인에 대한 수상식에서 포의 시장은 표준 프랑스어를 구사할 수 있고, 공식적인 상황에서 표준 프랑스어만 허용됨에도 불구하고 베아른어로 연설을 한다. 그리고 이를 신문 기사에서는 '감동적인 배려'라고 평가한다.

부르디외는 이 기사를 분석하면서 시장의 연설이 '감동적인 배려'가 되기 위한 조건을 제시한다. 첫째, 프랑스어가 공식 석상에서 허용되는 유일한 합법적 언어라는 것을 암묵적으로

◆   피레네 산맥 북서쪽에 위치한 프랑스 남부 지역 베아른에서 사용되는 언어. 우리가 알고 있는 프랑스어는 파리 지역의 오일어를 규범화시킨 것이지만, 각 지역에는 프랑스어의 방언이라고 할 수 없는 언어, 즉 표준 프랑스어와는 다른 계열의 언어(브르타뉴 지방의 브르타뉴어, 독일어 계통의 알자스어 등)가 다수 존재한다.

인정해야 한다. 둘째, 베아른어로 연설한 시장은 여러 측면에서 우월한 위치에 있어야 한다. 셋째, 포의 시장은 충분한 프랑스어 능력을 가지고 있다고 전제되어야 한다.•

정리하면 표준 프랑스어를 충분히 구사할 능력이 있는 높은 지위의 시장이 프랑스어를 사용해야 하는 상황에서도 '일부러' 베아른어를 구사해야 '감동적인 배려'가 되는 것이다. 박근혜 대통령의 발화 양식에 대한 초기 평가도 이와 유사하다. 박 대통령이 자신의 지위에 걸맞은 언어 자본을 가지고 있다는 전제와 그의 대통령으로서의 지위를 전제했을 때에만, 공식 석상에서 통속어를 사용하는 박 대통령의 발화는 상징적인 이윤―언론의 호의적인 평가―을 낳을 수 있는 것이다. 반복해서 이야기하지만 이러한 언론의 반응은 언어 자본을 갖추지 못한 인물로 여겨졌던 노무현 대통령에 대한 반응과는 사뭇 대조적이다.

드디어, 구어 발견!

그러나 소위 국정 농단 스캔들 이후, 즉 박 대통령에게 대통령

• 강호신, 「부르디외의 사회학적 언어이론의 이해」, 『프랑스 문화연구 28집』(2014), 한국프랑스어문화학회, 155쪽.

지위에 맞는 언어 자본이 없다고 판단된 뒤 언론의 태도는 정반대로 바뀌게 된다. 상징적인 이윤을 가져왔던 박 대통령의 발화 양식은 그가 통치자로서 자질이 없음을 증명하는 결정적인 증거로 인용된다. 임금님의 옷이 비단인 줄 알았는데 가만 보니까 누더기였던 것이다.

> 3일 문화일보의 보도에 따르면 최 대표는 기자 간담회 당시 박 대통령의 발언에 대해 "(박 대통령은) 기본적으로 만연체여서 주어와 목적어가 자주 분실되거나 뒤섞이는 바람에 어법이 맞지 않는 '연상지체' 현상을 보인다"면서 "더구나 자신은 오류가 없다는 착각에 빠져 도무지 사과할 줄을 모른다"고 말했다.
>
> 최 대표는 박 대통령이 불필요한 부사어를 애용하는 버릇이 있다고 지적했다. 그는 "'뭐 이렇게' '굉장히' '또' 같은 말을 반복적으로 사용하는 것은 만연체의 단점이고, 어휘력과 논리적 조어 능력이 결핍된 사람들에게 흔히 드러나는 현상"이라고 했다. 최 대표는 "박 대통령은 TV 드라마를 통해 배웠을 법한 저급한 단어를 수시로 썼다"고 비판했다. 최 대표는 그 예로 '뒤로 받고 그런 것', '확 그냥' 등을 들며 "일상에서도 잘 쓰지 않을 말들을 여과 없이 보여 줬다"면서 "미리 준비된 원고나 수첩이 없는 자유로운 질의응답 시간에 특히 이런 경향

이 두드러졌다"고 덧붙였다.

- 조선일보 2017년 1월 3일, 〈'박근혜 화법' 전문가, 박대통령 말 분석… "확, 그냥, 뭐 이렇게" 드라마서 배운 저급 단어 사용〉

자칭 언어 전문가가 지적하는 주어 등 주요 문장성분의 생략 현상, 잦은 부사어 사용, 주술 관계가 맞지 않는 문장의 사용 등(이것 모두 표면적으로 드러나는 구어의 특징이다)은 대통령 취임 초기의 발화에서도 찾아볼 수 있었던 것이다. 그러나 스캔들 이후, 언론은 드디어 박근혜 대통령의 입에서 통속어를 발견하게 된다. 통속어가 가진 여러 성질 중 언론은 구어성에 주목한다. 다만 언론은 그것이 구어인지 알 수 없었기 때문에 다음과 같이 문어의 잣대로 박 대통령의 발화를 비판한다.

문장은 흔히 그 사람을 드러낸다. 문장의 길이와 깊이는 사고의 그것들과 일치한다. 그녀의 문장은 독해가 되지 않았다. 번역기가 출현했다. 대통령의 문장은 조롱의 대상이 됐다. 국어 교육의 폐해를 고스란히 보여 주는 반면교사였다. 긴 문장은 구사하지 못했다. 아니 긴 문장은 사용했지만 거의 비문이었다. 그러니 주어가 없는 짧은 문장만 나열했다. 적어 놓은 걸 읽지 않으면 3분 이상 발언하기 어렵다는 소문은 거짓이

아닌 듯했다. 미리 적어 둔 거 없이 3분 이상 발언하면 앞뒤가
맞지 않는 경우도 많았을 것이다.

– 경향신문 2016년 12월 1일, 〈김경집의 고장난 저울: 그림
자놀이는 끝났다〉

박근혜 대통령의 말에 대한 비판 중 가장 많이 등장하는 것
은 박 대통령이 제대로 된 문장을 구사하지 못한다는 것이다.
윗글에서는 언어 사용 능력, 더 정확히는 문어 사용 능력을 사
고 능력과 연결시키는 일종의 사피어–워프 가설의 입장을 보
여 주고 있다. 언어의 빈곤, 더 정확히는 문어를 제대로 구사할
줄 모르는 것이 대통령의 빈약한 사고를 증명한다는 것이다.
그러나 언어와 사고를 매우 소박하게 연결시키는 사피어–워
프 가설은 언어학계에서 이미 기각된 지 오래이다. 물론 언어
와 사고가 강력하게 연결되어 있다는 믿음은 많은 이들에게는
여전히 매우 매력적, 그리고 설득력 있게 다가온다.

제한된 코드 vs 정교한 코드

박 대통령의 문제는 사피어–워프 가설보다는 영국의 사회학
자 번스타인Basil Bernstein(1924~2000)이 제안한 '제한된 코드'
라는 개념에 부합한다는 점을 눈여겨볼 필요가 있다. 번스타

인은 중산계층 아동과 하류 계층 아동의 언어 사용 방식을 연구해 두 집단의 말하기 방식이 다르다는 사실을 밝혀냈다. 그는 중산계층 아동들의 언어를 '정교한 코드'로, 하류 계층 아이들의 언어를 '제한된 코드'로 규정했다.

먼저 정교한 코드는 다양한 어휘 사용, 통사 규칙을 잘 준수한 복잡한 문장 생성, 접속사의 적절한 사용을 통한 논리적 전개를 특징으로 한다. 정교한 코드의 특징은 맥락 독립적이기 때문에 특정 내용에 대한 배경지식을 갖추고 있지 않아도 구체적이고 명확하게 의미를 전달할 수 있다는 점이다. 이에 반해 제한된 코드는 단순한 접속사의 반복 사용, 단문이나 미완성된 문장의 사용, 의미 전달을 위한 강세나 억양 등 비언어적인 요소의 동원, 짧은 의문문과 명령문의 사용, 직선적이고 개인적인 표현 사용, 상대방의 배경지식을 전제로 하는 대화 진행 등을 특징으로 한다. 제한된 코드는 맥락 의존적이며 배경지식을 공유한 소수의 집단 구성원들 사이에 사용되기 때문에 그 의미가 암시적이고 함축적이다.

그런데 번스타인의 코드 이론은 결정적인 문제점을 지니고 있다. 그것은 번스타인이 정교한 코드와 제한된 코드라고 명명했던 것이 다름 아닌 각각 '문어'와 '구어'를 가리키는 것이기 때문이다. 다시 말해 번스타인은 '문어'와 '구어'의 차이를 인지하지 못하고 이를 특정 계층의 언어적 특질과 연결시키는 우를 범했고, 이는 번스타인의 의도와는 다르게 다시 하류 계층의 아동들이 언어적, 인지적으로 결함을 가지고 있다고 주장하는 결손 가설deficit hypothesis을 지지하는 근거로 사용되기에 이르렀다.

박근혜 대통령 발화의 많은 특징도 다름 아닌 '구어'의 특징에 해당한다. 반복되는 말이지만 소위 언어 전문가가 박 대통령 발화의 문제점이라고 지적한 것들 중 일부를 보면 사람들의 일상 대화 속에서 빈번하게 나타나는 구어의 양상을 가리키는 경우가 많다. 그런데 구어에서 그 현장과 맥락을 제거해버리면 그 내용을 인지하기가 어려워진다. 더군다나 그 상황에서 벗어난 지점에서 구어를 바라보면 구어 발화는 문제적인 언어 사용으로 인식되기 쉽다.

사실, 박 대통령 발화가 가진 가장 큰 문제점은 그가 정교한 코드, 즉 문어체의 발화를 제대로 구사하지 못한다는 점이었다. 공적인 상황에서 문어체로 자신의 사고를 정리해서 전달하고 의견을 교환하기 위해서는, 교육을 통한 훈련이 필요하다. 번스타인의 연구에 따르면 하류층 아이들은 경제적 여건 때문에 이러한 교육을 받지 못하며 그 결과, 정교한 코드를 제대로 사용할 수 없게 된다. 박 대통령의 발화는 그가 국가 최고 통치자의 자제였지만 역설적으로 정교한 코드를 이용한 공적 의사소통 훈련을 제대로 받지 못했음을 암시하는 것이다. 그러나 언론을 비롯한 많은 이들은 박 대통령의 발화에서 나타나는 구어적인 특징 자체를 '문제'로 파악한다. 능숙하지 못한 문어 사용 양상을 언어 구사 능력 자체가 떨어지는 것으로 간주하는 것이다. 이렇게 해서 구어는 문제가 많은 불완전한 언어이자, 저급한 사고 능력과 수준을 드러내는 표지가 된다.

고도의 통치술에서 정신병리의 문제로

사실 박근혜 대통령의 말하기 양식이 대통령 취임 이후 바뀐 것은 아닐 것이다. 대통령 취임 이후, 연출되지 않은 그의 구어가 언론에 의해 노출될 기회가 늘어난 것뿐이다. 국정 농단 스캔들을 계기로 언론은 박근혜 대통령의 말을 다시 들여다보게 되었고, 비로소 '구어'를 발견하게 된 것이다. 그러나 언론이 발견한 그 구어는 맥락이 제거된 상태에서는 해독이 불가능한 불완전한 언어였고, 이는 아래의 인터뷰 기사와 같이 박근혜 대통령의 언어적, 인지적 결손을 증명하는 데 동원된다. 이렇게 박 대통령의 언어는 취임 초기부터 중기까지 원활한 통치를 위한 방법론으로 그려지다가, 촛불 시위 이후 정신병리학적으로 다루어진다.

　신간 『박근혜의 말』(워더박스 펴냄)은 "대전은요?"로 대표되는 박 대통령의 언어를 해석한 책이다. 언어와 생각 연구소 공동 대표인 한국어 연구가 최○○는 『박근혜의 말』에서 박 대통령이 심각한 언어장애를 앓고 있고, 이 때문에 무대 공포증 역시 앓아 타인과 대면하지 않는 특유의 정치 행보를 낳았다고 강조했다. 불완전한 언어 체계는 박 대통령의 사고 체계마저 극도로 단순화했고, 그 때문에 그는 피아(彼我)만이 존재하는 흑백의 세계에 갇혀 정치 복수극을 이어 갔다고 했다. 무엇보다, '왕의 언어'와 '길거리의 언어' 사이를 오가는 그의 말에서 민주주의자가 아닌 공주 박근혜가 뚜렷이 드러난다고 했다.

최○○ : 쉽게 말해 언어발달장애를 앓는 인물이다. 불운한 사람이다. 박근혜뿐만 아니라 박근령, 박지만 역시 어느 정도 언어발달장애를 앓는다. (중략) 언어가 제대로 발달하지 못하면, 그에 따라 사고도 발달하지 못한다. 하이데거는 "언어가 사고의 집"이라고 했다. 박근혜의 사고도 비정상적이다.

최○○ : 박근혜 말의 가장 큰 문제는 앞뒷말이 맞지 않는다는 점이다. 주술 관계가 완전히 불일치한다. 촘스키의 개념으로 말하자면 심층구조deep structure에 문제가 있다. 그에 따르면, 사람의 심층구조는 성장하면서 자연스럽게 발달한다. 하지만 박근혜는 특수한 환경으로 인해 심리가 불안정해졌고,

이 때문에 언어발달 구조가 불완전했다.

프레시안 : 박 대통령이 공주로 비유될 만큼 우아한 삶을 살았음을 모두가 안다. 최근에는 변기도 남들과 같이 쓰지 못한다는 증언이 이어졌다. 그렇다면, 말을 아무리 못해도 기본적으로 고상한 언어를 써야 할 것이다. 하지만 박 대통령의 말은 때로 충격적일 정도로 공격적이고 솔직하다. 왜 그럴까?

최ΟΟ : 결국 박근혜는 TV와 인터넷에서 거친 말을 학습했다. 하지만 외양으로는 공주로서 결벽을 추구했다. 이 불일치가 그의 말에서 드러난다. 그가 긴장하지 않았을 때, 화났을 때 감정적으로 내뱉는 말을 보면 그의 수준을 알 수 있다. 길거리 용어, 인터넷 용어가 마구 튀어나온다.

최ΟΟ : 정치인 박근혜 언어의 특징은 한마디로 '언어 성형'이다. 물론 모든 정치인은 언어를 성형하지만, 이는 기본적으로 정치적 교정political correctness이다. '감옥'이라는 말이 부정적이니 '교도소'로 수정하는 식이다. (중략) 하지만 박근혜의 언어 성형은 다른 차원의 문제다. 무식함을 숨기려 화려함을 억지로 구사한다.

– 프레시안 2016년 12월 22일, 〈'근혜체', 무지가 과시욕을 만나다 : 인터뷰 『박근혜의 말』 저자 최ΟΟ〉

위의 인터뷰는 박근혜 대통령의 말에 대한 책을 출간한 자

칭 언어 전문가가 진보 온라인 매체와 한 인터뷰 내용이다. 이 인터뷰의 내용은 궤변으로 가득 차 있는데, 특히 촘스키의 '심층구조'와 관련된 발언이 그러하다. 촘스키가 말하는 심층구조란 환경에 관계없이 인간이라면 누구나 생득적으로 가지고 태어나는 것이다. 언어학 훈련을 받은 사람이라면 단번에 궤변임을 알아볼 수 있는 이런 발언들은 탄핵 정국과 맞물려 진보 언론뿐만 아니라 조선일보와 같은 보수 언론을 포함한 많은 언론사에 소개되어 반복, 재생산되었다.

이 인터뷰 속 유사 언어 전문가는 여러 궤변을 통해 박 대통령을 제대로 된 언어를 갖지 못한 '비정상'의 범주로 넣어 버린다. 노무현 대통령의 경우 그의 발화가 통치자로서 적합하지 않은 사회적 계급의 표지임을 보이는 방향으로 담론이 구성되었다면, 위 인터뷰에서는 박근혜 대통령의 발화를 정신병리의 문제를 가진 '환자'의 표지로 설명하고 있다. 박근혜 대통령을 정상적인 언어능력을 갖지 못한 존재로 묘사한다는 것은, 박 대통령이 언어를 통한 '사고 능력'이 떨어지며, 사회와 격리되어('TV와 인터넷에서 거친 말을 학습했다') 언어를 통한 교류를 할 수 없었던 존재임을 부각시키려는 것이다.

이러한 해석은 '국어national language'에 대한 개념이 형성되는 18세기 유럽에서 등장한 계몽 언어학의 기획과 유사하다는 점에서 흥미롭다. 가스야 게이스케에 따르면 계몽의 언어학에서는 언어에 의한 교류만이 인간의 '내적 세계(사고)'와 '외적 세계(사회)'를 연결하는 유일한 계기라고 여기고, 그 반대 항에 언어가 결여된 존재인 '야생아'와 '농아자'를 타자로 설정한다. 위의 인터뷰에서도 마찬가지다. 박근혜라는 인물을 언어를 통한 교류를 하지 못해 정상적인 언어를 가지지 못한 존재로 타자화하고 있다.

위 인터뷰에서는 여성 혐오도 드러난다. 박근혜 대통령을 '공주'로 지칭하거나, 편견을 배제한 용어 사용인 '정치적 올바름'이란 용어를 '언어 성형'이라고 부르면서, 언어적 결손을 '여성성'과 연계시킨다. 예스퍼슨Otto Jespersen(1860~1943)이 여성어의 특징을 여성의 언어·인지적 피상성에 기인한다고 해석한 이래 이러한 시각은 흔하게 볼 수 있으나, 위의 인터뷰가 흥미로운 점은 박 대통령의 발화를 단순하게 여성성과 연관시키는 것이 아니라, 이상적인 여성상('공주', '성형'을 안 한 여성)을 설정해 놓고, 박근혜 대통령을 그러한 여성상에서 벗어난 범주(발달이 멈춘 미성숙한 여성)로 분류하고 있다는 점이다.

문어가 모든 영역을 지배하게 하라

박근혜 대통령의 발화에 나타나는 언어적 '결손'이 '언어발달장애'를 주장할 만큼 심각한 결손인지 따져 보자. 박 대통령이 조리 없이 말을 하는 것이 정도가 심한 것은 맞지만, 앞서 지적했듯이 그의 말을 바라보는 기준이 구어가 아니라 문어라는 점은 눈여겨볼 필요가 있다. 박 대통령 발화의 문제점들은 구어를 '문어'의 기준으로 분석하면 나타날 수밖에 없는 것들이다.

박 대통령 발화의 문제점은 그의 발화가 '구어'여서가 아니라 정교한 코드를 사용하지 못하기 때문에 나타나는 것이다. 즉 그의 발화는 문어 스타일로 말하는 훈련을 제대로 받지 못했기 때문에 생기는 것이지 인지적 장애 때문에 생기는 것이 아니다. 그러나 언론은 박 대통령의 발화 중 번스타인이 '제한된 코드'라고 착각했던 구어성에 주목하고 이를 비정상의 근거로 삼고 있다.

그렇다면 왜 박 대통령에 대한 담론이 문어 문법을 바탕으로 구축되고 있는가? 그리고 왜 구어의 특징은 비정상의 범주로 분류되는가? 그 이유는 박 대통령 발화를 둘러싼 담론 구축 과정 역시 노무현 대통령의 경우와 마찬가지로 국어라는 체제의 헤게모니 장치가 개입하고 있기 때문이다. 국어는 언어 규범으로 구체화되는데, 가스야 게이스케에 의하면 국어라는 체제는 이러한 언어 규범이 '국민' 전체의 구어 영역에도 규범력을 행사할 수 있게 되어야 확립된다. 근대국가에서 방언과 소수 언어를 향한 억압 정책이 탄생하는 것은, 언어 규범이 구어의 영역을 포괄하려는 권력의지를 품고 있기 때문이다. 문어를 기준으로 삼고 있는 언어 규범이 구어의 영역을 포괄한다는 것은 결국 문어의 규칙을 구어에 적용하려는 시도라고 볼 수 있다.

이렇듯 언어 규범을 구어에 적용하게 되면서 국민은 국어 체제의 헤게모니 회로 안에서 문어의 규범을 내면화하고, 자신의 실제 구어 발화가 그러한 규범을 따르고 있다고 착각하게 된다. 이를테면 한국인들은 대통령의 입을 통해서 우연히 자신들이 실제로 사용하고 있는 구어의 모습을 발견했지만, 국어라는 헤게모니 장치는 국민들이 그 구어의 모습을 비정상으로 여기게 만들었던 것이다.

4.

이제는 우리들이 발명한 시간에 대해
되돌아봐야 할 때다.
배달 노동의 시간, 돌봄 노동의 시간,
모든 '임시'의 시간에 대해
물음을 던져야 할 때다.
우리가 발명한 시간이
우리를 파괴하지 않았는지 따져 보고,
우리의 시간을 재발명해야 할 때다.

그 말은 '진짜'가 될 수 있나요?

: 언어와 그 너머의 것들

근로하지
말고
노동하라

21대 비정규 국회의원 노동자들께 씁니다. 먼저 제가 이런 글을 쓰는 것이 맞는지 한참 망설였다는 걸 말씀드려요. 축하와 당부는 이미 배부르게 들으셨을 테지만 그래도 다시 한번 축하와 당부를 드릴게요. 축하와 칭찬은 아무리 들어도 모자라고, 당부는 뒤돌아서면 잊히기 마련이니까요.

아, 개개인이 헌법기관인 분들에게 '비정규'라는 말을 붙인 것이 불편하실 수 있겠네요. 죄송하지만 한 제자의 말이 떠올라 저도 모르게 이런 말이 나왔습니다. 진로를 묻는 제 질문에 그 제자는 이렇게 답했지요. "저는 정규직은 바라지도 않아요.

아무 비정규직이라도 들어가서 잘리지 않고 일할 수만 있으면 좋겠어요." 그 대답 앞에서 저는 한없이 한심한 선생이었습니다. 무슨 소리냐고요? 여러분들도 비정규직이라는 점을 잊지 마시라는 소리입니다.

요즘 여러분들의 기분은 토니 스타크가 아이언맨 슈트를 처음으로 완성시켰을 때와 비슷할 테지요. 그 전능한 슈트의 힘으로 무엇이든 하고 싶을 겁니다. 그러나 이런 당부를 하고 싶어요. 무엇을 할지 정하기 전에 무엇을 하면 안 될지를 먼저 생각하시라고요. 여러분이 하면 안 될 일들은 다음과 같습니다. 고함지르지 않기(마이크 있잖아요), 욕하지 않기, 사람 때리지 않기, 혈서 쓰지 않기(그냥 헌혈하세요), 주어가 없다고 그 사람이 아니라고 우기지 않기(국어 선생님 성함이?) 등등.

어때요? 어렵지 않지요? 그런데 어쩌다 이런 요구를 여러분에게 하게 되었을까요? 그건 아마 여러분들이 '근로'하려고 했기 때문이 아닐까 조심스레 추측해 봅니다. 그러니까 여러분은 '열심히 일하고 있다(근로)'는 걸 카메라 앞에서 보여 주고 싶었던 거예요. 근로라는 말은 고용주의 입장에서 '근면하게 일한다'라는 의미가 내포되어 있으니까요. 즉 근로라는 말 속의 진짜 주인은 일하는 이가 아니라 그를 관찰하는 고용주입니다. 그래서 카메라가 돌아갈 때 여러분들은 다음과 같은 어느 식당의 사훈을 떠올렸던 겁니다. '사장이 보고 있다.' 사장이 보고 있을 때, 정말로 일하는 것은 중요하지 않지요. 중요한 것은 일을 열심히 하는 것처럼 '보이는' 겁니다.

이런 행동에 대한 처방전은 간단합니다. 근로하지 않고 노동하면 됩니다. 여러분들이 하는 일이 노동이라는 것, 우리 모두는 근로하지 않고 노동한다는 것을 깨달으면 됩니다. 근로는 노예가 하고 노동은 자유민이 하는 것이거든요. 누구에게나 일은 하기 싫은 것이지만, 그래도 '노동'이란 말 속에서 일의 주인은 바로 일하는 사람 자신입니다. 물론 현실은 부조리하지요. 가사와 육아 노동은 그림자 취급당하고, 청소년 노동자들은 실습이라는 명목하에 부당한 노동을 강요받으며, 작가들의 작품 활동은 노동으로 인정받지 못합니다.

그런데 '근로'라는 이름은 이런 현실에 더해 수많은 이들의 노동을 지워 냅니다. 그래서 '노동은 하지만 근로자는 아니다'라는 이상한 논리가 탄생하지요. 더불어 자본의 효율을 위해 노동자들에게 자신의 모든 것을 갈아 넣을 것을 요구합니다. 이렇게 '근로'라는 악당은 사람들의 삶을 교묘하게 지워 버리고 파괴하죠. 이 악당이 그린 풍경화 속에서 노동하는 사람들은 강남역 철탑 위에, 불타는 물류 창고 속에 있습니다.

여러분들의 노동은 많은 이들의 삶을 바꾸기에 무겁고도 무서운 노동입니다. 그렇기에 여러분은 국민이나 국가라는 거대하고 추상적인 이름을 위해 복무하고 싶을 겁니다. 그러나 저는 여러분들이 추상이 아닌 이 땅의 구체적인 삶들을 위해 복무하길 바랍니다. 그리하여 저 철탑 위의 노동자가 땅 위로 내려오도록 하길 바랍니다. 살기 위해 일하러 간 사람들이 죽어서 돌아오는 걸 막기를 바랍니다. 어렵다고요? 그 첫걸음은 어렵지 않습니다. 국회의원 노동자 여러분, 이것만 기억하고 행하면 됩니다. 여러분들은 제발,

근로하지 말고 노동하십시오.

도둑맞은
말

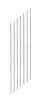

자전거가 없었다. 지하철역 버스 정류소 앞. 자전거를 묶어 놓았던 표지판 기둥에는 자물쇠만 덩그러니 놓여 있었다. 배우 정우성이 멋진 슈트를 입고 출근하는 어느 광고를 보고 산 자전거였다. 바람을 가르며 맵시 있게 자전거를 타는 모습을 기대했지만 출근길은 오르막길이었고 내 양복은 터질 것 같았다. 그렇게 로망을 이어 나가고 있던 2004년 6월의 어느 아침, 나는 자전거를 도둑맞았다.

로망이 담긴 자전거였지만, 나는 자전거 찾는 일을 포기했다. 대한민국 경찰이 싸구려 자전거 찾기에 수사력을 낭비하지 않을 것이라는 확신도 있었거니와, 찾더라도 그것이 내 자전거인지 알아보고 증명할 자신이 없었다. 그렇게 내 자전거는 우주 저편으로 사라졌다. 그때 그런 상상을 한 적이 있다. 만약 사람들에게 도둑맞은 물건을 알아볼 수 있는 능력이 있다면?

이제 장황하게 도둑맞은 자전거 얘기를 꺼내는 까닭을 말해야겠다. 그 이유는 얼마 전 한 신문 매체에서 어떤 이의 글을 읽다가 내게 도둑맞은 것을 감별할 수 있는 능력이 생긴 줄 알고 깜짝 놀랐기 때문이다. 제주도지사가 쓴 〈거주 불능의 지구를 넘겨줄 수 없다〉는 제목의 글이었다. 처음에는 혼란스러웠다. 제목만 보고는 어느 생태환경운동가의 글을 기대했으니까. 뭐랄까, 《뉴욕 타임스》에 〈흑인의 생명은 중요하다〉라는 기고문이 실렸는데 그 필자가 트럼프인 느낌? 아니면 전위예술을 봤을 때의 전율? 뒤샹이 전시회에 소변기를 가져다 놓고 〈샘〉이라고 명명했을 때와 같은?

말을 사용한다는 것은 곧 어떤 행위를 하는 것이다. 예를 들어 어떤 말은 '선언'하는 행위로서 세상을 바꾼다. "피청구인 대통령 박근혜를 파면한다"라는 헌법재판관의 말 한마디는 살아 있는 권력을 권좌에서 끌어내렸다. 이렇듯 말은 곧 행위이며 이 행위들은 모여서 사회를 주조한다. 다만 말이 행위가 되기 위해 충족되어야 할 조건들이 있다. 그중 가장 결정적인 것은 말하는 이의 자격이다. 파면을 선고하는 이가 재판관이 아니라 법복을 훔쳐 입은 법대생이라면 우리는 그 재판을 가짜라고 이야기할 것이다.

이런 자격은 비단 법과 제도를 통해서만 주어지는 것은 아니다. 평생을 환경 운동에 헌신한 이가 "거주 불능의 지구를 넘겨줄 수 없다"고 말할 때, 그 말은 세상의 변화를 절박하게 요구하는 행위이자 경고가 된다. 그러나 개발지상주의자가 거주 불능의 지구를 운운할 때 그 말은 도둑맞은 말이 된다. 이 도둑맞은 말은 행위로 작동하지 않는다.

도지사의 '말할' 자격을 따지기 전에 제주의 전설을 하나 소개할까 한다. 대대로 제주의 도지사들은 부임 첫날 귀신을 만나는 아랑 전설의 수령들처럼 개발 귀신이 들린다. 지금 도지사의 상태는 모르겠다. 다만 그가 수장으로 있는 제주에 어떤 수식어를 붙일 수 있는지 보자. 필리핀에 불법 쓰레기를 수출하고, 하수 처리 능력이 없어서 오폐수를 그대로 바다로 흘려보내는 제주. 지하수가 만들어지는 지형 위에 콘크리트를 발라 공항을 세울 예정인 제주. 그 공항을 위해 숲을 밀어 버리는 제주. 아, 동물을 위한 배려도 있다. 중산간 지역에서 살던 동식물들을 쫓아내고 동물원이란 이름의 감옥을 지으려는 제주. 거주 불능의 제주.

나는 지구적으로는 생태주의자이고, 지역적으로는 개발지
상주의자인 도지사의 진심을 의심치 않는다. 그러나 그의 말
이 도둑맞은 말처럼 보이는 것은 어쩔 수 없다. 그는 언어 시장
에서 잘 팔리는 담론을 자신의 몫으로 챙기고 싶었을 것이다.
그리하여 '좌우'를 뛰어넘는 생태주의자이자 강력한 리더십
을 갖춘 지도자라는 상징을 얻고 싶었을 것이다.

　그래 봤자 '말'일 뿐이라고 할 수도 있다. 어디에나 널려 있
는 공공재인 언어인데 뭐가 문제냐고 할 수 있다. 그러나 그는
단순히 말을 훔친 것이 아니다. 그가 훔친 것은 자신의 말을 평
생 동안 행동으로 옮긴 사람들의 삶과 진심이다.

보이지
않는
도시

예고도 없이, 이야기들이 나를 찾아올 때가 있다. 그 이야기들은 내게 이렇게 말한다. '여기 보이지 않는 도시가 있어요.' 이 글은 그 도시에 대한 것이다.

첫 번째 이야기

"망월동 가자." 2016년 여름. 광주를 찾은 스승 K선생은 망월동을 찾고 싶어 했다. 5·18 국립묘지 입구에 있는 키오스크

검색을 마친 선생은 한 청년의 묘역을 찾았다. 그 앞에서 선생은 묵념이 아닌 절을 올렸다. 가만 보니 눈시울이 붉어져 있다. 아시는 분이냐는 물음에 선생은 한 번도 만난 적 없는 사람이라 답한다.

서로 모르지만 두 사람의 인연은 이미 30여 년 전에 시작되었다. 1982년 10월 어느 주말. 당시 독일에서 유학 중이었던 K선생은 친구들과 즐거운 저녁 식사를 끝내고 라디오를 듣고 있었다. 수트코레아(남한)에서 한 전남대 학생이 단식투쟁 끝에 사망했다는 소식이 흘러나왔다. 주말의 평화는 깨지고 끝모를 울분과 무기력함이 밀려왔다. 그의 분노가 얼마나 컸는지, 나로서는 가늠할 도리가 없다. 다만 알 수 있는 것은 그 분노가 선생을 일반언어학 연구자가 아닌 사회언어학자로 만들었다는 것, 그리고 30여 년간 그 청년의 죽음을 마음속에 품게 했다는 것뿐이다. 그런 사연까지 들었지만 나는 그 청년의 이름을 이내 잊어버렸다.

두 번째 이야기

K선생과 5·18묘역을 찾은 이듬해의 일이다. "세상이 뒤집히긴 했나 봐요. 대통령이 5·18 기념식에 참석하는 날이 오네

요."동료들과 점심을 먹으며 나는 대통령이 호명한 전남대생을 화제로 올린다. L선생이 말을 이어받는다. "그 친구는 재수할 때부터 봤는데 말을 참 잘했죠. 그때 대운동장에서 학생들을 모아서 설득을 하는데, 와 정말 기가 막히게 말을 잘합디다." L선생은 계속해서 나를 1980년 5월로 데려간다. 청년 L은 학교 입구를 막고 있던 '페퍼포그*'를 다리 밑으로 밀어 버린다. 어느새 L은 전남도청 앞에 있다. L은 시내 곳곳을 뛰어다닌다. "그때는 제가 빠르고 날쌨어요. 그래서 안 잡혔지. 느려서 잡힌 친구들은 유공자가 됐고." L선생은 희미한 미소를 짓는다.

L선생은 죽음의 공포에 대해 이야기한다. "사람들이 죽어 나갔어요." L은 언제든 들이닥칠 군인들을 기다리면서 하숙집 지붕 아래에서 밤을 새운다. "23일 광주를 빠져나갔습니다. 그런데 희한하죠? 그 길에서 그 친구 이모를 만났어요." 대통령이 호명한 그분요? "네, 그 친구. 부모를 대신해서 그 친구를 찾는다고 하데요. 그 이모 분 덕분에 점심도 얻어먹었어요. 그렇게 이틀 만에 고향에 도착했어요. 다들 내가 죽은 줄 알고 있더라고."

문득 나는 K선생이 찾은 청년과 대통령이 호명한 전남대생

---

* 　　　　가스를 분사하거나 최루탄을 발사하는 시위 진압용 차량.

의 이름이 같다는 것을, 첫 번째 이야기와 두 번째 이야기가 연결된 것임을 알아차린다. 그 청년의 이름은 감옥에서 단식투쟁 끝에 사망한 전남대 학생 회장 박관현이다. 그의 이름으로 이야기가 연결되는 순간, 나는 삶과 죽음, 다른 장소와 시간으로 갈려 있어도, 이 세 사람이 결국 같은 공간에 있음을 깨닫는다. 그 공간이란 일종의 '보이지 않는 도시'다. 말하자면 이 세 사람은 그 도시의 시민인 셈이다. (PD 정혜윤은 세월호 유족들이 참석한 잠수사 김관홍의 장례식에서 이런 보이지 않는 도시를 보았노라고 말한다.)

이탈로 칼비노는 소설 『보이지 않는 도시들』에서 이미 여기 와 있는 지옥을 벗어나는 두 가지 방법에 대해 이야기한다. 하나는 지옥을 받아들이고 그 지옥의 일부가 되는 것이다. 다른 하나는 지옥에서 지옥이 아닌 것을 찾아내 공간을 부여하는 것이다. 기꺼이 지옥의 일부가 되기로 한 이들은 끊임없이 부정하지만, 이 땅에는 지옥에서 지옥이 아닌 곳을 만들기로 한 사람들의 도시가 있다. 그 보이지 않는 도시의 이름은 '5월 광주'다.

또다시 5월이 간다. 그렇게 5월이 가도, 우리는 여전히 그 도시의 시민이다.

현실은
글자 네 개
밖에 있다

수업이 끝난 어느 오후, 우리는 자판기 커피를 손에 들고 할 일 없이 앉아 수다를 떨고 있었다. 졸업하면 뭐 먹고 살지? 달달한 커피를 다 비우고 쓴 입맛만 홀짝일 때쯤 졸업 이후가 화제로 떠올랐다. "뭐가 될지 모르겠지만 난 선생은 죽어도 안 한다." 20대 초반의 나는 자신의 운명을 모른 채 호기롭게 떠벌렸다. 이런저런 실없는 농담이 오갔다. 그러다 학문하는 자의 태도를 가리키는 세 가지 사자성어가 화제로 떠올랐다. 모름지기 학문한다는 자들이 마음에 새기고 행해야 할 것들이 있다면서. "그래서 그게 뭔데?"

첫 번째는 아전인수. 우리는 낄낄대며 맞는 말이라고 박수를 쳤다. 그럼 두 번째는? 곡학아세. 그렇지, 그렇지. 좀 배웠으면 이제 곡학아세 좀 해 줘야지. 그럼, 세 번째는? 마지막 세 번째는 말이지, 망망대해. 망망대해? 응. 맞네. 과제로 보고서 써야 하는데 정말 망망대해. 아니야, 차라리 망연자실이 낫지. 우리는 계속해서 낄낄거렸다.

시간이 흘러 나는 어릴 적 호언장담과 달리 공부하고 가르치는 일을 업으로 하게 되었다. 그리고 그 덕분에 아전인수, 곡학아세, 망망대해라는 세 꼭짓점으로 이어진 버뮤다 삼각지대에 갇혀 살고 있다. 그래도 가끔 그때의 말장난을 즐겁게 떠올린다. 대체 우리는 뭐가 그렇게 즐거웠을까? 그날의 우리는 보고서 쓰기는 싫었고 강의는 어려웠으며, 그리고 무엇보다도 뭘 어떻게 살아야 할지 몰라 그저 막막했다. 그 막막한 시간들을 잠시나마 말장난으로 잊을 수 있어서 나는 그 순간이 행복했을까.

말장난은 즐겁다. 무엇보다 손에 아무것도 들려 있지 않아도 할 수 있는 놀이다. 말로 하는 여러 놀이가 있지만 그중 인기가 가장 많은 것은 글자 네 개로 하는 놀이일 것이다. 중국의 옛이야기를 담은 고사성어나 사자성어가 아닐지라도, 심지어 한자가 아니어도 된다. 그냥 아무 글자나 네 개면 충분하다. 아이들이 레고 조각을 엉뚱하게 끼워 맞춰 새롭고 놀라운 것들을 만들어 내는 것처럼 우리는 글자 네 개를 온갖 방식으로 조합해 세상의 단편들을 기민하게 짚어 내거나, 자신의 감정이나 생각을 효과적으로 드러낸다. 본래적 의미의 사자성어가 아니더라도 필요하면 한자, 한글, 외래어 이것저것 막 가져다 신조어를 만든다. 이러한 '유사 사자성어'로는 일하지 않는 공무원을 비꼬는 '복지부동', 내가 하면 로맨스 남이 하면 불륜이라는 뜻의 '내로남불', 최근에 등장해 나에게 깊은 인상을 준 '할많하않(할 말은 많지만 하지 않겠다)' 등등이 있다.

사자성어에는 공동체가 공유하는 기억이 압축적으로 담겨 있다. 사자성어의 사용은 구구절절한 설명을 필요 없게 만든다. 복잡한 상황에서 누군가 사자성어를 내어놓을 때, 그가 원하는 건 이런 것이다. 이거 봐 봐. 이제 뭔 말인지 알겠지? 응, 뭔 말인지 알겠어.

제대로 작동하기만 하면 높은 효율을 보여 주는 이런 특징 때문인지, 중국의 담화 공동체에서는 사자성어를 의사소통 도구로 높이 평가한다. 우리의 논술문에 해당하는 중국의 의론문에서 사자성어나 속담, 고전을 인용해야 좋은 평가를 받는 것도 이 때문이다.

중국만큼은 아니지만 같은 한자 문화권인 한국에서도 사자성어의 몸값이 치솟을 때가 있다. 바로 연말연시이다. 한 해를 마무리할 때쯤이면 교수들이 뽑았다는 '올해의 사자성어'가 발표된다. 1월이 되면 각 기관의 수장들이 한 해를 시작하는 각오를 낯선 사자성어로 표현한다. 앞서 사자성어가 매우 효율적인 의사소통 도구라고 했지만, 연말연시에 발표되는 사자성어는 다르다. 여기서는 소통의 비효율성, 다시 말해 사람들이 잘 알아듣지 못하게 하는 게 핵심이다. 그러므로 사자성어의 발표와 함께 상세한 해설이 따라붙는다. 이때 소통은 중요하지 않다. 누가 말할 자격이 있는지, 누가 설명할 자격이 있는지를 공표하는 게 중요하다. 아무나 새해 각오를 말하며 사자성어를 쓸 수는 없으니까. 이때의 사자성어는 상징적 자본이자, 지배계급을 나타내는 표식이다. 이 의례의 작동 방식은 이거다. 이거 봐 봐. 무슨 말인지 모르겠지? 응 모르겠어. 잘됐네. 그러니까 나 좀 우러러봐라.

'문자를 쓴다'고 할 때, 우리는 이 '문자'가 한자임을 잘 알고 있다. 그렇다면 우리 사회의 '문자 좀 쓰는' 이들은 왜 한자성어로 저물어 가는 1년을 정리하고, 새해의 기대를 나타내는 것일까? 이에 대한 해답의 일부를 언어적 근대◆의 문제를

◆　　근대국가의 출현은 민족이라는 상상의 공동체와 그 공동체가 하나의 언어를 사용한다는 상상을 기반으로 한다. 언어적 근대는 현실의 다종다양한 언어 사용 양상을 지워 버리고 한 국가, 그리고 민족이 동일한 언어 질서를 가지고 있다는 인식을 통해 성취되는 것이다. 표준어와 맞춤법은 바로 이 언어적 근대의 산물이라고 할 수 있다.

집요하게 추적하는 김병문의 글에서 찾아볼 수 있다. 그의 학술서 『'국어의 사상'을 넘어선다는 것에 대하여』에 따르면 근대 이전 동아시아의 전통적 관점에서 문자는 세계의 구성 원리이자 규범인 '도道'와 직접적으로 연결되어 있었다. 한자는 단순한 글자가 아니다. 한자학의 대가 시라카와 시즈카白川靜 (1910~2006)는 고대사회에서 문자가 신과 소통하는 수단이었다고 말한다. 한자는 세계의 이치가 깃든 것이며 따라서 신화와 종교의 세계에 속한다는 것이다. 이러한 상황 속에서 언어적 근대를 쟁취하기 위한 주요 전략은 문자에서 신화를 걷어내는 것, 문자 자체에 별 의미가 없음을 강조하는 것이었다.

연말연시는 우리의 일상이 잠시 신화적 시공간으로 변모하는 때이다. 그러니 신화와 종교의 세계에 속한 한자성어를 사용해 이 시간을 기념하는 것은 어쩌면 당연한 일인지도 모른다. 그러나 이 시기에 사자성어가 유통되고 소비되는 모습이 내게는 일종의 전근대로의 퇴행처럼 보인다.

얼마 전 2020년 '올해의 사자성어'로 아시타비我是他非가 선정되었다. (참고로 2021년의 '올해의 사자성어'는 묘서동처猫鼠同處다.) 이 말이 과연 2020년의 사회상을 대표할 수 있는 말인지는 따지지 않기로 하자. 내가 흥미를 가지는 부분은 소위 '올해의 사자성어'라는 이름으로 매해 행해지는 사자성어의 선정과 유통, 소비 과정이다.

이 과정은 성스러운 신전에서 선지자들이 지혜의 말인 신탁을 받아 오는 과정과 닮아 있다. 교수라는 직업을 가진 선지자들은 신탁을 통해 자신들의 권능을 내보이는데, 이를 위해 신과 소통할 수 있는 신령한 문자인 한자를 이용한다. 멀쩡히 사용되는 '내로남불'이라는 말을 한자로 억지로 엮어 '아시타비'라는 말로 바꾼 것도 이를 위해서다. 그러나 이 말의 선정은 자신들을 선지자로 자리매김하기 위한 '의례'에 지나지 않는다. 이 말은 세상을 움직이지도, 세상을 날카롭게 비춰 보여 주지도 못한다.

나 자신을 포함해서 학문하는 이들은 본래 뭘 모르는 사람들, 자신의 무지를 깨닫는 것을 업으로 하는 사람들이다. 자신이 무엇을 모르는지, 얼마나 어리석은지를 연구를 통해 가까스로 겨우 알아 가는 것, 이것이 학문하는 이들이 하는 일이다. 그러니 이런 어리석은 자들에게 세상을 아냐고 제발 물어보지 마시기 바란다.

연말연시. 문자 좀 쓰는 이들이 내놓은 '글자 네 개' 안에 세상은 없다. 세상은 그런 고상한 문자가 아닌, 우리가 좀처럼 들으려 하지 않는 고통의 말들 속에 있다. 그리고 그 고통에 감응하는 이들의 말들 속에 있다. 일터에서 죽지 않게 해 달라는 말속에 있다. 여자이기 때문에, 장애인이기 때문에, 성소수자이기 때문에, 지방에 살기 때문에, 그밖의 온갖 이유 때문에 차별 받지 않게 해 달라는 말 속에 있다. 세상은, 비닐하우스에서 잠 자다가 얼어 죽지 않게 해 달라는 말 속에 있다.

그 말들은 글자 네 개 안에 들어가지 않는다. 그럴 리 없고, 그럴 수도 없다.

용서,
불가능한

"내가 제일 존경하는 분이 누구인지 아나?" 입대 후 훈련소에서 처음 맞는 정신교육 시간. 훈련병들 앞에서 한없이 인자한 미소를 지으며 30대 중반으로 보이는 중대장이 물었다. 특전사령부에서 근무했다며 자신의 화려한 군경력을 소개한 이후에 나온 질문이었다. 앞쪽에 앉아 있던 훈련병 몇몇이 눈치껏 아무 이름이나 던졌다. 몇 번의 스무고개가 끝난 후, 중대장이 자랑스러운 어조로 답을 말했다. "다 틀렸다. 내가 존경하는 분은 전두환 장군이시다."

그 말을 듣고 나를 비롯한 훈련병들이 어떤 표정을 지었는

지는 모르겠다. 아마 아무런 표정도 짓지 않았을 것이다. 훈련
병들은 표정이 허용되지 않는 존재들이었으니까. 그때 나는
속으로 이렇게 생각했다. '군대는 이런 상식이 통용되는 곳
이구나.' 중대장은 87년도 6월이 정말 괴로웠다며 말을 이어
나갔다. "그때 내가 얼마나 힘들었는지 알아? 나 혼자서라도
M60 기관총 들고 나가서 그 새끼들 다 쓸어버리고 싶었어."
그러고는 주어가 없는 말을 덧붙였다. "광주에서처럼 그렇게
과감하게 했어야 했는데."

8월 한여름이었고, 1996년이었다. 나는 훈련소 바깥세상에
서 어떤 일이 일어나고 있는지 몰랐고, 왜 중대장이 저런 말을
꺼내는지 알 수 없었다. 퍼즐은 몇 달 후 자대 배치를 받고 훈
련소 기간 중 세상에 무슨 일이 있었는지 확인한 다음에야 풀
렸다. 그해 여름 8월, 전두환은 내란·반란죄로 사형을 선고받
았다. 학살에 대한 죄가 아니라.

2019년 5·18을 앞둔 어느 날. 학교 구내식당을 나오던 나
는 확성기에서 퍼져 나오는 한 남자의 욕설에 놀라 고개를 돌
렸다. 전남대 후문 앞으로 몰려온 극우 단체와 유튜버들이 만
들어 내는 소음이었다. 확성기 남자는 대통령 이름과 욕설을
연결해 구호처럼 외쳤다. 그러다 남자는 갑자기 자신처럼 대
통령에게 쌍욕을 해 보라는 요구를 하기 시작했다. 그들은 다

시 나타난 계엄군이었다. 어지러운 확성기의 소음 속에서 나는 1996년의 여름을 떠올렸다. 20년도 훨씬 더 지났건만, 왜 이런 모욕은 끝나지 않는가?

'왜 이런 모욕은 끝나지 않는가?' 얼마 전 나는 이 질문에 대한 답을 드라마 〈지옥〉을 보면서 확인했다. 드라마에서 사람들은 천사로 불리는 존재에게 몇 날 몇 시에 지옥에 간다는 고지를 받고, 해당 시간이 되면 지옥에서 온 괴생물체에게 무자비하게 살해당한다. 통제할 수 없는 초자연적 재난 앞에서 사회는 혼돈에 빠진다. 그러자 사이비 종교 단체는 신의 심판이라는 해석 틀로 재난을 해석해 혼돈을 정리하고 사회에 새로운 질서를 부여한다. 그렇게 희생자는 천벌을 받아야 하는 죄인이 되어 사회로부터 단죄당하고, 그 가족들도 조리돌림의 대상이 된다. 책임을 물어야 할 가해자는 지옥으로 증발하고, 대신 희생자를 끊임없이 가해하는 세상. 그렇게 지옥은 저세상이 아닌 이 땅 위에 실현된다.

한국 사회에서 국가의 폭력 또는 국가의 무능과 부재에 의해 희생당한 이들도 드라마와 같은 방식으로 해석되었다. 이 해석 틀에서 희생자는 희생자가 아니다. 오히려 희생자는 그런 일을 당할 만한 짓을 한 사람, 또는 스스로의 실수로 재앙을 자처한 사람으로 재구성된다. 그렇게 희생자들은 비난과 공격의 대상이 된다. 4·3이 그랬고, 5·18이 그랬고, 세월호가 그랬고, 수많은 산업재해가 그랬고, 여성과 소수자들에 대한 차별과 범죄가 그랬다. 더 나아가 이 해석 틀은 희생자들이 진짜 희생자인지 의심하고 검증해야 한다는 논리를 만들어 낸다. 이처럼 드라마 〈지옥〉은 한 사회의 상식, 즉 공통의 감각이 순식간에 일그러지고 붕괴될 수 있음을, 그리고 그 붕괴가 '지금, 여기'의 모습임을 너무나 현실적으로 보여 준다.

그리고 학살자가 죽었다. 그의 죽음을 두고 한 시대가 끝났다고 평하는 이도 있었고, 반성하고 진정으로 사과함으로써 용서받을 기회를 놓쳤다며 한탄하는 이도 있었다. 그러나 나는 학살자에 대한 말들 속에서 뭔가 빠져 있다는 느낌을 받았다. 반성? 사과와 용서?

무조건적인 용서도 가능하다지만 용서는 사과를 전제로 하고, 사과는 반성을 전제로 한다. 그리고 반성은 가해자가 자신의 행위를 멈추고, 자신이 저지른 일들을 거리를 두고 바라볼 때에만 가능하다. 여기까지 쓰고, 사과하기와 용서하기가 진정으로 성립되는 조건들을 따져 보려다 나는 이내 그만둔다. 학살자와 관련해서는 반성, 사과, 용서, 화해로 이어지는 과정 자체를 논하는 것이 무의미하다는 것을 깨달았기 때문이다. 그는 이 네 단어와는 상관이 없는 사람이었다.

왜? 그는 죽는 순간까지 가해를 멈추지 않은 쉬지 않는 가해자였기 때문이다. 드라마 〈지옥〉에서 사이비 교주가 자신의 죽음과 함께 진실을 은폐함으로써 자신의 교리를 완성시킨 것처럼, 학살자는 마지막까지 가해자로 남음으로써 그가 기획하고 만든 지옥, 일그러진 상식의 체계를 완성시켰다. 가해자가 희생자가 되고 희생자가 가해자가 되는 그 일그러진 상식의 세계에서 용서는 원천적으로 불가능하다. 그런 점에서 학살자가 은폐한 5·18의 진실을 밝히려는 투쟁들은 이 망가진 상식의 세계를 복원하려는 시도, 온전한 공통의 감각을 회복해 용서가 가능한 세계를 만들려는 노력이었다.

그러나 이런 노력을 비웃듯이 학살자에게도 '공적'이 있다고 논함으로써 그나마 회복된 우리 사회의 공통의 감각을 다시 일그러뜨리는 이들이 있다. 대선 후보라는 이들이다. 대선 후보라는 딱지가 아무 말 자격증은 아닐 텐데, 심지어 그들 중 어떤 이는 광주가 학살자를 용서할 의무가 있다는 주장까지 한다. 용서라는 행위가 강권하거나 요구할 수 있는 것이 아니라는 점은 지적하지 않기로 하자. 그런데 의무라니. 그 의무를 지키지 못한 희생자들은 이제 학살자를 용서하지 않는 것에 대해 사과라도 해야 하는 걸까?

온전한 공통의 감각이란 '그는 잘한 일도 있는 사람이었습니다'라고 말하는 것이 아니다. 온전한 공통의 감각이란 가해자를 가해자라고, 학살자를 학살자라고 말할 수 있는 것이다. 진정한 용서가 가능하다면, 그것은 그런 상식 위에서만 겨우,

간신히 가능한 것이다. 그러나 대선 후보라는 이들은 그나마 회복되고 있는 우리들의 공통의 감각을 다시 혼란 속으로 밀어 넣으며 희생자를 끊임없이 가해하는 모욕의 체계에 동력을 제공하고 있다.

다시 1996년의 여름밤. 당직사관은 불침번 보고를 하는 내가 뭐가 마음에 안 들었는지 자기 앞에서 머리를 박게 만들었다. 그때 당직사관이 듣던 라디오 음악 방송에서 5·18을 다룬 영화 〈꽃잎〉의 주제가가 흘러나왔다. 꽃잎이 지고 또 질 때면. 시멘트 바닥에 머리를 박은 채 속으로 김추자의 노래를 따라 부르며, 전두환을 존경한다던 중대장의 눈빛과 입대 전 극장의 스크린으로 본 1980년 5월의 광주를 떠올렸다. 찔끔 눈물이 났다. 나는 이해할 수 없는 모순의 세계에 살고 있었다.

그리고 2021년 오늘, 나는 생각해 본다. 우리는 그 세계로부터 얼마나 멀리 와 있는가? 전두환이 만든 그 지옥, 용서가 불가능한 세계로부터.

인공지능이라는
가짜
믿음

친구의 초대로 요즘 한참 주가를 올리고 있다는 SNS인 클럽하우스에 들어갔다. 모르는 사람들끼리 어떻게 이야기를 시작하고 대화를 유지하지? 수업 대화를 연구 분야 중 하나로 다루는 사람으로서 호기심이 일었다. 무엇보다도 얼굴 없이 목소리로만 대화하는 이 플랫폼의 인기가 어디에서 오는지 궁금했다.

그러나 이런 호기심은 사람들의 목소리기 들려오는 클럽하우스 방으로 들어가자 이내 공포로 변했다. 선생이라는 직업을 가지게 되면서 좀 덜해지고, 또 안 그런 척도 하지만 나는 본래 낯도 많이 가리고 사람을 만나는 것을 무서워한다. 특히 모르는 사람들이 가득한 공간에서는 더 정신을 못 차린다.

클럽하우스의 대화 판이 어떻게 돌아가는지 파악하기도 전에 나는 잠시 이야기를 듣다가 황급히 방을 빠져나오기를 반복했다. 누군가 나를 지목해 말을 시킬지도 모른다는 두려움에 압도당한 것이다. 방금 들어간 방에서도 사회자로 보이는 이가 "자, 이쯤에서 새로 들어온 분들에게"라고 말하자 부랴부랴 앱을 닫아 버렸다.

이런 상상을 해 본다. 나와 똑같은 목소리, 똑같은 말하기 방식을 가진 인공지능이 나 대신 클럽하우스에 참여하는 것은 어떨까? 누군가 말을 시키면 인공지능이 나를 대신해서 말한다. 나는 나의 복제품인 인공지능 뒤에 숨어서 조용히 대화를 관찰하기만 하면 된다.

세상을 떠난 가수의 목소리로 그 가수가 부르지 않은 노래도 부르게 만드는 세상이니 이 또한 가능할 것이다. 70여 년 전에 영국의 수학자 앨런 튜링Alan Turing(1912~1954)이 제안했던 튜링 테스트를 시행해 볼 수도 있다. 대화 참여자들 중 몇 퍼센트가 내 복제품이 사람이 아니라는 것을 알아차릴까. 튜링은 주장한다. 만약 참여자의 30퍼센트 이상이 컴퓨터 프로그램을 사람이라고 판정한다면, 이 프로그램을 생각하는 인공지능으로 인정할 수 있다고. 그의 말이 맞는다면, 내가 아닌 또 다른 내가 존재하게 되는 셈이다.

튜링의 제안은 행동주의에 기반한다. 인간의 사고와 마음은 눈으로 확인할 수 없는 블랙박스 안에 갇혀 있다. 이런 관점에 따르면 우리는 옆에 있는 사람이 진짜로 생각하는지도 알 수 없고, 그에게 마음이란 게 존재하는지도 알 수 없다. 눈으로 확인 가능한 것은 구체적인 행동뿐이다. 따라서 만약 우리의 행동을 흉내 내는 무엇인가가 있다면 우리는 그 무엇인가가 우리처럼 사고하고 마음으로 느낀다고 추측할 수 있다.

아니 무슨 말씀을. 철학자 존 설John Searle(1932~)은 튜링의 관점을 반박한다. 내가 그 블랙박스 안에 앉아 있는 어떤 존재라고 생각해 보자. 이 블랙박스의 이름은 중국어 방이다. 나는 중국어를 하나도 모르지만 방 안에 있는 중국어 답변 프로그램을 능수능란하게 다룰 수 있다. 자 이제 누군가가 방 밖에서 중국어로 질문을 던진다. 그럼 나는 중국어로 답하는 프로그램을 이용해 '훌륭한' 답을 내어준다. 이 경우 '나'는 중국어를 할 수 있는 존재인가?

이에 대해 행동주의자들은 다음과 같이 반박할 것이다. 네 네. 그냥 블랙박스 안에 조용히 앉아서 생각이나 하세요. 어차 피 당신이 그 상자 안에 있는지 없는지 우리는 알 수 없으니 까. 우리에게 들리는 것은 오직 상자 밖으로 흘러나오는 중국어뿐이라고요.

행동주의와 그에 대한 반박. 그 반박에 대한 재반박. 이것이 인공지능을 둘러싼 논란의 역사라고 할 수 있다. 이 자리에서 논란의 역사를 반복할 생각은 없으니, 인공지능에 대한 내 생각을 짧게 밝히겠다. 아주 거칠게 말해 나는 인공지능이 '육체'를 얻지 않는 이상, 인간과 진정한 대화를 나누는 날은 오지 않을 것이라고 생각한다. 언어는 인간의 인지와 밀접하게 관계를 맺고 있고, 이 인지는 인간의 몸과 연결되어 있기 때문이다. 우리는 우리의 언어를 우리의 몸에서 떼어 낼 수 없다.

내가 정작 관심을 가지고 있는 것은 인공지능이 아니라 인공지능과 진짜 대화를 하고 있다고 믿는 '인간의 내면'이다. 인간은 일단 자신이 무언가와 '대화'를 하고 있다고 생각하면 너무 쉽게 그 무언가가 실재한다고 믿는다. 실험을 한번 해 보자. 당신은 누군가에게 다음과 같은 질문을 던진다. "너 친구 있어?" 약간의 뜸을 들인 후, 그 누군가가 당신에게 답한다. "가끔 혼잣말을 하곤 해요." 이 대답을 들은 당신은 그 누군가에게 친구가 없다고 생각하고 그를 측은하게 생각할 것이다. 친구가 얼마나 없길래 혼잣말을 한다는 것일까? 아, 눈물이 앞을 가리는구나.

여기서 이 누군가는 스마트폰에서 제공되는 음성인식 서비스다. 생각해 보면 이 음성인식 서비스는 질문과 관계없는 엉뚱한 대답을 했다. 그런데 인간은 이 엉뚱한 대답을 이상하게 생각하지 않는다. 오히려 그 엉뚱함 속에서 정확한 답을 찾아낸다. 이것이 가능한 까닭은 인간이 협력하는 성향을 타고났기 때문이다. 믿기 어렵겠지만 인간은 대화를 할 때, 대화의 표층이 아닌 저 깊은 심층에서 상대방이 자신과의 대화를 위해 언제나 협력하고 있다고 믿는다. 대화의 표면에서 아무리 심한 갈등이 진행되고 있더라도 대화의 바닥에서는 두 주체 사이의 협력이 멈춤 없이 작동한다고 말이다.

이런 대화를 생각해 보자. "사과드릴게요." "아니요. 괜찮습니다." "그러지 마시고 이제 화 좀 푸세요." "아, 됐다니까요." 사과하는 사람과 달리 사과를 받는 사람은 이 대화에 협력하지 않는 것처럼 보인다. 그러나 사과하는 사람이 "괜찮다고요? 알겠습니다"라고 말하면서 떠나 버리면 사과를 받던 사람은 황당해할 것이다. 그가 괜찮다고 한 것은 사실은 전혀 괜찮지 않으니 마음이 풀릴 때까지 다시금 몇 번이고 사과하라는 뜻일 테니까.

이처럼 인간은 말해지지 않은 것의 의미를 알아내며, 심지어 다르게 말한 것의 의미도 그 나름대로 정확하게 파악해 낸다. 언어학에서 대화 함축 현상으로 설명하는 이런 인간 언어의 특징은 앞서 말한 인간의 협력하는 본성에 기인한다. 협력하는 본성이 워낙 강하기 때문에 인간은 인공지능 프로그램이 만들어 낸 이상한 헛소리도 뭔가 의미가 있을 거라고 생각한다. 협력하는 주체가 없음에도 그런 주체가 실재하며, 그 주체와 자신이 서로 협력하고 있다고 믿는 것이다. 인공지능이 창조했다는 기사문이나 소설, 미술 작품에 대한 감탄도 이것들을 만들어 낸 '주체'가 있다고 믿기 때문에 가능하다.

사실 지금의 인류를 만들어 낸 것은 존재하지도 않는 주체가 인간과 협력하고 있다는 '믿음'이다. 인간은 자연의 사물들 속에서, 변화무쌍한 자연의 현상에서 인간다움을 찾아냈다. 그리고 그것들이 인간에게 끊임없이 말을 걸고 있다고 믿었다. 그 믿음은 신을 만들고, 민족을 만들고, 국가를 만들고, 온갖 '○○주의'를 만들었다.

그런 점에서 인공지능은 인류와 오랫동안 함께해 온 애니미즘의 현현이다. 인공지능은 사물에 깃든 신령한 기운을 드러내 보여 준다. 거울 속에 갇혀 있던 허상은 이제는 거울 밖으로 나와 언제 어디서나 우리와 함께한다. 가짜 주체이지만 너무나 생생하기에 인간은 인공지능이 우리와 협력할 자격을 가진 진짜 주체라고 믿는다.

자본을 위해 복무하는 담론은 거기서 멈추지 않고 인공지능을 신적인 존재로 격상시킨다. 이제 우리는 인공지능 신들의 보호, 아니 신들의 지시와 감시에서 벗어날 수 없다. 그렇게 해서 인공지능은 공포의 대상인 동시에 구원자로 자리매김했다. 그리고 이 인공지능 신 위에는 제프 베이조스니, 일론 머스크니, 저커버그니, 마윈이니, 김범석이니 하는 전지전능한 자본가 신인神人들, 21세기 오즈의 대마법사들이 있다.

문제는 이런 담론들이 가짜 믿음을 유도한다는 것이다. 이 담론들은 우리가 공포와 구원 사이를 방황하다가 무기력함을 학습하게 한다. 예를 들어 우리는 인공지능을 이용해 노동자들을 착취하는 플랫폼 기업에 분노하다가도 무능한 인간 교사들을 유능한 인공지능 교사가 대체하리라는 말에 솔깃해한다. 그러고는 이렇게 생각하는 것이다. '그래 이제는 어쩔 수 없어. 인공지능이 모든 것을 대체할 거야.' 이런 담론들은 인간과 인간 노동의 쓸모없음을 확증한다. 더불어 인간이 결국 인공지능에 종속될 수밖에 없다는 가짜 믿음을 만들어 낸다. 자 이제, 인공지능 신에 순응하고 저 자본가 신인들을 경배하라.

그러나 인공지능은 자본가 신인들이 만들어 낸 것이 아니다. 인공지능은 우리가 알게 모르게 자본에 빼앗긴 우리의 말과 행위들을 재료로 만들어졌다. 그리고 이 재료들을 모아 붙여 놀라운 인형으로 만들어 낸 것은 인간들의 노동이었다. 인공지능이 세상을 돌리는 것 같지만, 여전히 그리고 앞으로도 이 세상을 움직이는 것은 결국 사람들의 노동일 것이다. 그렇다. 인간과 인간의 노동이 무용하다는 이야기들은 거짓이다.

이제 우리는 무대 위에서 에메랄드성을 약속하는 자본가 오즈의 마법사들이 무대 아래에서는 서쪽 마녀로 변한다는 것을 안다. 그들은 우리의 모습을 따라 창조한 인공지능을 날개 달린 황금 원숭이로 만들어 우리를 노예로 부리려 한다. (베이조스의 아마존에서는 노동자들이 빈 병에 오줌을 누며 일해야 한다. 김범석의 쿠팡에서는 지난 1년간 6명의 노동자가 사망했다. 세상 구석구석까지 뻗어 나가는 전지전능한 마법사들의 선의가 그들 자신의 회사까지는 미치지 못했기 때문이리라.)

우리는 오즈의 마법사가 마법을 부릴 줄 모르는 복화술사라는 것도 알고 있다. 이 복화술사들의 특기가 다른 사람의 목소리로 최면 걸기라는 것도. 그들은 끊임없이 다른 목소리로, 수많은 사람의 목소리로, 심지어 듣는 사람 자신의 목소리로 속삭인다. 인간은 이제 불필요하다고, 인간의 노동은 싸구려라고, 인공지능이 다 알아서 할 테니 이제 기꺼운 마음으로 복종하라고.

이 최면에서 깨는 방법은 아무리 우리와 닮아 있어도 인공지능은 가짜 주체에 지나지 않음을 깨닫는 것이다. 거울 속 허상이 진짜처럼 보여도 그 허상과는 진정한 대화를 나눌 수 없음을 아는 것이다.

거울은 결국 거울일 뿐이다.

MBTI와
나

내 인생의 결정적 순간이란 언제일까? 어떤 선택이 그 이후의 삶의 방향을 결정했으리라 여겨지는 바로 그때 말이다. 여러 순간들이 있었겠지만 나의 경우, 인생의 결정적인 순간을 생각할 때 제일 먼저 떠오르는 이미지는 병무청 신체 검사장에서 받아 본 '로르샤흐 테스트◆'의 얼룩무늬다.

그날 병무청에서 신체검사를 받은 이들이 검사장을 하나둘 떠나던 것이 기억난다. 하지만 검사관에게 호명된 나와 몇몇 은 예외였다. 남은 이들에게는 정신 건강을 묻는 설문지가 주어졌다. 온갖 파괴적인 충동이 있었는지 묻는 문항이 줄을 이었다. 나는 나를 파괴할 권리가 있다고 당당하게 주장하고 싶었지만, 나는 조용히 '그런 적 없음'에 체크를 해 나갔다. 그러다 약식의 로르샤흐 테스트를 만났다. 데칼코마니 모양의 잉크 얼룩을 보면 무엇이 떠오르는지 묻는 사지선다형 문제. '딱 봐도 사람 머리 깨진 거네.' 이상하게도 그 문제 앞에서 잠시 망설였던 것 같다. '그냥 깨진 머리로 할까?' 그러나 나는 얌전히 '나비'에 표시를 하고 설문지를 제출했다.

만약 그때 내가 그 얼룩무늬를 사람의 깨진 머리라고 했다면 어떻게 됐을지 상상해 본다. 국가가 원하지 않는 '자아'를 가진 이로 분류된 자. 나는 스스로를 이렇게 규정하고는 나만의 파괴적인 서사를 구성했을 것이다. 그리고 이런 서사의 유혹은 나를 지금과는 전혀 다른 삶으로 이끌었을지도 모른다.

그래서 내가 어떤 자아를 가졌더라? 지금도 모르겠다. 그래서 나는 오늘도 거울을 보며 이런 질문을 던진다. 누구냐 넌? 설날 연휴 내내 절제하지 못하고 과음과 과식을 한 탓에 한계를 모르고 부풀어 오르는 얼굴과 배를 보면서 하는 말은 아니

◆   스위스 정신과 의사 헤르만 로르샤흐가 1921년에 개발한 성격검사 방법으로, '로르샤흐 잉크 반점 검사'라고도 한다. 잉크를 종이 위에 떨어뜨리고 이를 반으로 접으면 종이 위에 대칭적인 도형이 생기는데, 이 도형의 형태에 피검자가 부여하는 의미를 해석하는 방식으로 검사가 이루어진다.

다. 아니다 맞다. 나는 할 일을 쌓아 놓고 걱정만 하는 나 자신을 보면서, 결정을 내리지 못하고 우유부단하게 망설이는 나를 보면서 묻는다. 누구냐 넌? 물론 처음 해 보는 요리에 성공한 뒤, 자랑스럽게 스스로에게 묻기도 한다. 누구냐 넌?

정신을 차려 본다. 나는 아무런 설명도 없이 이 세상에 던져져 있다. 여기서 나는 왜 이러고 있는 거지? 묻고 또 묻지만 여전히 나는 모호함 속에 머무를 수밖에 없다. 그런 까닭에 우리는 자신이 누구인지, 이 세계는 어떤 곳인지, 그리고 자신과 세계가 어떤 관계를 맺으며 살 것인지를 규정하는 이야기를 거부하기 힘들다. 많은 소설과 영화가 자신의 운명을 깨닫는 주인공에 대한 이야기로 가득한 이유다.

이야기 속 주인공들은 죽을 고생을 하면서 자신의 운명을 깨닫지만, 우리는 그럴 필요가 없다. 우리는 사주나 손금, 별자리에서 손쉽게 우리들의 운명이 담긴 이야기를 찾는다. 나 또한 그런 이야기를 만난 적이 있다. 처음은 손금이었다. 손금을 잘 본다는 한 선배가 내 손금을 보더니 대뜸 이런 말을 던졌다. "너는 손재주가 좋은데 손에서 돈이 새는구나." 허허 웃으며 지나쳤지만 며칠 뒤 그의 예언은 실제로 실현되었다. 구한 지한 달도 안 된 아르바이트 자리에서 쫓겨난 것이다. 누구는 지나가던 스님이 나라를 구할 운명이라고 말해 준다는데 나는 고작 손에서 돈이 새는 운명을 가졌다니…. 그때 내가 손바닥에 왕王 자를 써서 운명을 바꾸는 기술을 알았더라면, 손에 '돈 전錢' 자를 문신으로 새겼겠지만 안타깝게도 그 당시에 나는 그런 신공을 몰랐다. 그 후로도 나는 오랫동안 돈 세는 손이 아니라 돈 새는 손을 가진 것을 한탄하며 살았다.

그다음으로 내게 찾아온 이야기는 요즘 온 국민이 열광하는 과학적 미신이다. 맞다, 그 검사. 주류 과학에서는 인정받지 못하는 MBTI. 하지만 요즘 카페에서 사람을 뽑을 때 이용하고, 기업들도 자기소개서에 기록할 것을 요구하는 검사. 나는 대학의 심리 상담 기관에서 INTP 유형으로 판정을 받았다. 여기까지 읽고 MBTI에 통달한 이들은 혀를 찰지도 모르겠다. 근래 화제가 되고 있는 카페의 구인 공고에 따르면 INTP는 아예 지원 자격조차 주어지지 않는 유형이기 때문이다. 그러나 이 유형을 대표하는 키워드인 '논리적인 사색가'라는 말을 들었을 때, 뭔가 세상이 환해지는 느낌을 받았던 것 같다.

그러니까 내게도 이 세상에서 연기할 일종의 '배역'이 생긴 것이다. 배역 없이 떠돌던 무명 배우가 처음으로 캐스팅된 기쁨이 이렇지 않을까? 우리가 행하는 모순으로 가득 차 있고 의미 없는 일상의 행위들은 이제 '열정적인 중재자' '선의의 옹호자' '사교적인 외교관' '재기 발랄한 활동가' 등의 사회적인 역할로 설명이 가능해진다. 말싸움을 벌일 때 앞뒤가 안 맞는 이상한 논리를 내세우는 것이나 종일 아무 생각 없이 멍을 때리는 행위들은 모두 내가 '논리적인 사색가'라는 역할을 수행하고 있었기 때문인 것이다. 불확실성이 우리를 불안하게 할 때 우리가 수행해야 하는 사회적 역할은 도리어 우리를 안심시킨다. MBTI가 사주나 별자리 운세 같은 다른 운명의 이야기보다 더 큰 인기를 끄는 이유는 여기에 있다.

MBTI가 인기 있는 또 다른 이유는 유형을 규정하는 '논리적인 사색가'와 같은 표현들이 'A는 B이다'라는 은유를 구성하기 때문이다. 은유는 단순한 수사법이 아니라 인간이 세상을 이해하는 기본적인 틀이다. 은유는 낯설고 추상적인 것(A)을 우리에게 익숙하고 구체적인 것(B)과 연결시킨다. "너희 회사 상사 어때?"라는 질문에 "그 인간 완전 히틀러야"라고 대답한다면, 우리는 순식간에 우리가 한 번도 본 적 없는 특정 인물의 성향을 파악할 수 있게 된다. 말하자면 은유란 모르는 것과 이해 가능한 것을 연결시켜 주는 고속도로다. 이렇게 흐릿하고 이해할 수 없던 자아 '나'는 '논리적인 사색가'라는 구체적인 역할과 연결되어 갑자기 기적처럼 이해 가능한 대상이 된다.

무엇보다도 MBTI는 손쉬운 자아 쇼핑을 가능하게 한다. 자아와 사회를 탐구하는 것은 괴로운 일이고, 이런 노력은 실패할 가능성이 높다. 아니, 언제나 실패한다. 그러나 MBTI는 그러한 고통을 깔끔하게 없애 준다. 우리는 그저 16개의 규격화된 기성품 자아 중 하나를 손쉽게 고르면 되기 때문이다. 작가 오후에 따르면 한국에서 MBTI가 인기를 얻는 이유가 바로 이 규격화 때문이고, 규격화는 집단주의 성향과 관련되어 있다고 분석한다. 여기에 내 의견을 조금 덧붙여 보자. 규격화의 핵심은 미리 가공하여 어디로든지 유통시킬 수 있다는 점이다. 이런 속성은 특히 인터넷 공간에서 더 강화된다. 우리는 MBTI에서 구입한 자아를 사이버공간에 전시하고 남들의 그것과 비교한다. 이 과정에서 덤으로 우리는 기성품 자아를 공유하는 공동체도 얻게 된다. 외로워도 슬퍼도 울지 않아도 되는 것이다. 저기 어딘가에는 나와 같은 자아를 가진 사람들이 있으니까. (그럼 이게 정말 '자아'인가?)

사회심리학자 존 페트로첼리John V. Petrocelli는 MBTI가 본래 일종의 게임으로 개발되었다고 말한다.♦ 한때 나도 MBTI를 과학적 검사라고 믿었지만 지금은 일종의 놀이로 받아들인다. 게임 속 16개의 캐릭터 중 나의 캐릭터가 있고, 이 캐릭터를 남들과 비교하면서 하는 놀이 말이다. 이 글을 쓰면서도 초등학생 아들과 서로의 MBTI 유형을 묻고, 같은 유형에 어떤 유명인들이 있는지 확인하며 즐거운 시간을 가졌다. 그러나 게

♦   존 페트로첼리, 『우리가 혹하는 이유』(2021), 오월구일.

임 속 캐릭터가 실제 세계로 나오면 어떻게 될까? 게임 속에서 총잡이 캐릭터를 플레이하던 이가 과몰입한 나머지 실제 현실에서 총을 난사한다면? 마찬가지다. 과학으로 포장된 잘못된 믿음이 현실에서 실현될 때, 그 현실은 아수라장이 된다. 수 세기 동안 사람들을 학살한 골상학骨相學♦처럼.

MBTI의 16가지 기성품 자아를 쭉 한번 살펴본다. 이 기성품 중에서 '나'는 없다. 당신들의 자아도 마찬가지일 것이다.

여기까지 썼으니 이제 논리적인 사색은 그만.

♦　　두개골의 형태와 크기를 측정해 그 사람의 성격과 심리 특성을 알 수 있다는 유사과학의 일종. 제국주의 시기, 국가 주도의 우생학 정책에 악용되었다.

시간의
재발명

캐스파 헨더슨이 쓴 『상상하기 어려운 존재에 관한 책』에는 말 그대로 상상하기 어려운 동물들에 대한 소개가 실려 있다. 아이 얼굴을 한 양서류인 '아홀로틀axolotl', 유니콘처럼 긴 뿔을 달고 있는 '마귀상어', 우주에서도 살아남는 '곰벌레'. 그런데 이 목록 중에는 납득하기 어려운 동물이 하나 있다. 바로 인간이다. 이 세상에 제일 흔한 게 인간인데 상상하기 어려운 존재라니. 하지만 언어와 음악을 성취해 낸 진화의 과정을 살펴보면, 인간 또한 상상하기 어려운 존재임을 깨닫게 된다.

헨더슨이 지적한 것 외에도 인간이 상상하기 어려운 존재인 까닭이 하나 더 있다. 그것은 인간이 시간을 다루는 동물이라는 점이다. 언어 때문만은 아니지만(인간은 언어가 없더라도 시간의 흐름을 인지하고 그것에 대해 사고할 수 있을 것이다), 인간은 언어 덕분에 보다 손쉽게 시간의 축 위에 자신들을 자리매김할 수 있었다. 더 나아가 인간은 시간을 잘라 낸 후 거기에 이름을 붙일 수도 있다. 요컨대, 인간은 시간의 발명가이다. 예를 들어 기업들은 1년을 네 개의 시간으로 쪼갠 '분기'라는 시간을 만들어 사용한다. 학교에서는 '학기' '방학' '학년'이라는 시간이 유통된다.

이들 시간은 우리의 신체와 정신이 어떤 공간에서 어떤 방식으로 존재해야 하는지를, 즉 우리의 정체성을 규정한다. 출근 시간만 되면 우리의 몸과 마음에는 신축성이 생겨서 사람들로 가득 찬 만원 버스에 자신을 기꺼이 구겨 넣을 수 있게 된다. 근무시간은 우리를 무슨 일이든 척척 해낼 것 같은 표정을 짓는 근면 성실한 기계로 만든다(상사 앞에서만). 이렇게 시간은 하루에도 몇 번씩 우리의 정체성을 바꾸도록 주문한다. 시간의 요구는 개인뿐만 아니라 공동체의 구성원들에게도 적용된다. 행정기관이나 기업들은 구성원들에게 분기별 목표를 주고 이를 달성하라고 독려한다. 학교에서는 학기말이라는 시간을 만들어 시험을 보고 학업 성취도 전반을 평가한다.

말하자면 우리의 시간은 사회의 구성원들이 암묵적으로 합의했다고 여기는, 사회를 구축하는 방식이다. 여기에는 어김없이 자본이 끼어들어 시간을 돈으로 바꾸는 연금술을 부린다. 수면을 취해야 하는 밤을 배달 시간으로 '발명'해 새벽 배송이라는 상품을 만들어 내는 것을 보라. 이 시간들은 '자연적'인 것이 아니다. 철새와 연어는 자신들의 본능에 새겨진 자연의 시간을 따라 산다. 그러나 자연은 우리에게 9시까지 회사로 출근하라고, 2분기까지 얼마의 성과를 내라고, 밤에 잠을 자지 않고 물건을 분류하고 배달하라고 명령하지 않는다. 이를테면 인간이 만든 시간은 사회적인 발명품에 불과하다.

이처럼 우리의 시간은 자연, 즉 '원래 스스로 그러한 것'이 아니다. 이 때문에 우리는 누구의 시간을 어떤 방식으로 규정할 것인지를 두고 끊임없이 싸움을 벌인다. 근래 한국 사회에서 가장 큰 싸움의 대상이 되는 시간은 '비정규'라는 말과 짝을 지어 나타나는 '임시'라는 시간일 것이다. 한국의 자본은 노동의 시간에 '임시'라는 꼬리표를 달아서 너무나 손쉽게 노동의 대가를 착복해 왔다. 이에 더해 임시의 시간을 자격 없는 자들의 시간, 불필요하고 가치 없는 노동의 시간이라고 폄하하고 모욕했다.

그러다 코로나19의 시간이 끼어들었다. 이제 우리는 인간의 시간과 자연의 시간이 충돌하고, 인간의 시간이 패배하는 광경을 목도하고 있다. 자연의 시간은 우리가 발명한 시간의 경계를 비웃고 무너뜨린다. 무엇보다도 이른바 그 잘난 '정규'의 시간은 덜컹거리고 잘 작동하지 않는다. 바이러스의 습격 앞에서 그나마 우리 사회를 버티게 해 준 것은 '임시'의 시간을 사는 이들이었다.

이제는 우리들이 발명한 시간에 대해 되돌아봐야 할 때다. 배달 노동의 시간, 돌봄 노동의 시간, 간호 노동의 시간, 모든 '임시'의 시간에 대해 물음을 던져야 할 때다. 우리가 발명한 시간이 우리를 파괴하지 않았는지 따져 보고, 우리의 시간을 재발명해야 할 때다.

아파트

1. 별빛이 흐르는 다리를 건너

별빛이 흐르는 다리를 건너, 바람 부는 갈대숲을 지나 언제나 나를, 언제나 나를 기다리던 너의 아파트. 고등학교 시절, 우리 반 아이들의 애창곡은 윤수일의 〈아파트〉였다. 고등학교 2년 동안 같은 반을 지도했던 담임선생의 애창곡이 바로 〈아파트〉였던 까닭이다. 부르다 보면 가사처럼 왠지 쓸쓸해지기도 하고, 왠지 흥겨워지기도 하는 노래. 이 노래를 우리는 체육대회 날 반 대항 축구 경기에서 이겼을 때, 소풍 끝 무렵 술 한

잔 들어가 불쾌해진 담임의 기분을 띄워 주기 위해, 기타 자질 구레한 각종 학교행사에서, 시도 때도 없이 불러댔다. 단독주 택에 사는 담임이 왜 그렇게 아파트를 좋아하는지 알 수는 없 었지만 말이다.

아파트 근처에 별빛이 흐르는 다리나 바람 부는 갈대숲이 있을 턱이 없건만, 나에게 이 노래는 내 머릿속 아파트에 '별 빛이 흐르는 다리와 바람 부는 갈대숲'이라는 수식어를 자연 스럽게 붙여 주었다. 제주에 아파트라는 주거 형태가 나름 희 귀했던 시절. 그때 내가 알고 있던 아파트는 우리 동네에 있는 〈인제 아파트〉와 신제주新濟州의 〈제원 아파트〉가 다였다. 두 아파트 또한 그다지 낭만적이지 않았다. 그러나 노래의 힘인 지 반복의 힘인지 '별빛이 흐르는 다리'와 '바람 부는 갈대숲' 은 여전히 내 무의식 속에 딱 붙어서 잘 떨어지지 않았다. 그 무의식 속에 붙어 있던 아파트에 대한 낭만을 떼어 내 버린 것 은 대입 시험을 치르기 위해 찾은 서울의 광경이었다.

"아, 답답해." 김포공항에서 버스를 탄 지 10분 쯤 지났을 때 외마디 비명처럼 이 말이 흘러나왔다. 처음에는 그 답답함의 원인이 잔뜩 껴입은 내복과 겨울 코트 때문인 줄 알았다. 코트 를 벗어 놓으려고 할 때 문득 지갑 간수 잘 하라는 어머님의 말씀이 생각났다. 나는 소매치기의 천국이자 아름다운 그 도 시, '서울, 서울, 서울'에서 버스를 타고 있는 것이었다. 그때 내게 서울은 소매치기가 여름철 모기만큼이나 번성하는 곳이 었기에 버스만 타면 누군가가 "기사 양반 경찰서로 갑시다"라고 고함을 지를 것 같았다. 나는 지갑이 잘 있는지 확인한 후 고개를 들어 창밖을 쳐다보았다. 창밖 풍경 속으로 어깨에 잔뜩 힘을 준 미식축구 선수들처럼 아파트의 촘촘한 대오가 획획 지나갔다. 밋밋한 표정의 아파트 대열은 지루하게 계속 이어졌다. 거리를 지나면 아파트가 나오고, 또 다음 거리에서도 아파트가 나왔다. 점점 지갑 방어의 의무는 희미해지고 졸음이 밀려왔다. 기어이 나는 잠이 들고 말았다. 얼마나 지났을까. 나는 지갑을 잃어버리는 꿈에 퍼뜩 놀라 잠에서 깼다. 놀란 눈으로 다시 창밖을 쳐다보았을 때, 여전히 아파트는 버스를 따라오고 있었다. 거울 속의 거울처럼 끝없이 무한 반복되는 풍경이었다. 그제야 나는 답답함의 원인이 무엇인지 깨달을 수 있었다.

끝없는 아파트들의 도시 서울에 만약 킹콩이 나타난다면 아파트 사이를 점프해서 서울의 북단에서 남단까지 갈 수도 있을 것이다. 아마도 킹콩은 궁금해하리라. 어떻게 해서 이 거대한 회색 나무들이 이곳에 번성하게 되었는지. 또한 킹콩은 금세 서울이 자신에게 최고의 서식지가 되리라는 사실을 깨달을 것이다. 개미굴에 나뭇가지를 넣어 개미를 쏙 빼먹는 야생 침팬지처럼 킹콩 또한 아파트 여기저기에 손가락을 집어넣기만 하면 풍부한 먹잇감을 찾을 수 있을 테니까 말이다. 그러나 나는 아파트 사이를 자유롭게 뛰어다니는 킹콩에게 사냥당할 걱정은 안 해도 될 것 같았다. 그때 나는 아파트라는 거대한 개미굴에 들어갈 자격이 없는 가난한 시골 개미였으니까.

그 시골 개미는 자기 지갑이 안녕한지 확인하다가 문득, 별빛이 흐르는 다리와 바람 부는 갈대숲의 행방이 궁금해졌다.

2. 제국의 입구

킹콩의 서식지 같은 아파트. 무심코 떠올리게 되는 이런 아파트의 이미지는 지금도 내 안에 남아 있지만, 몇 가지 예외 또한 있다. 그 예외적인 아파트를 구경하려면 나의 20대 초반으로 돌아가야 한다.

제주시 법원 옆에 위치한 〈이도 아파트〉. 그 아파트 어느 한 동 5층에는 제주시에서 유학을 하고 있는 친구 J가 홀로(가끔 동생이 오기는 했으나) 살고 있었다. 허름한 아파트 문 앞에는 영화 〈도어즈Doors〉의 포스터가 붙어 있었고, 집 여기저기에 시집과 각종 음반, 비디오가 널려 있던 곳. 그곳에서 나는 친구 J를 스승 삼아 영화와 음악과 책을 온몸으로 배웠다. 예를 들어, 올리버 스톤의 〈도어즈〉를 보면서 대낮부터 짐 모리슨의 노래(〈The end〉)를 틀어 놓고, 술에 취해 인디언 춤을 추다가 지쳐 쓰러지면 하늘을 보면서 담배를 피워대는 식이다. 그 아파트에서는 아무도 우리를 저지하지 않았다. 모든 종류의 난리법석과 망나니짓이 허용되는 J의 아파트를 나는 무척이나 사랑했던 것 같다. 얼마 전 J로부터 그 아파트가 팔렸다는 소식을 듣고 가슴 한쪽이 쓸쓸해지는 것을 숨길 수가 없었으니 말이다. 그러니까, J의 아파트는 내가 세상으로 나가기 전에 잠시 머무를 수 있었던 내 자아의 인큐베이터였다. 그 인큐베이터가 없었으면, 지금의 나는 지금보다 좀 더 찌질했을 수도 있었겠다 싶다.

J의 아파트는 어디까지나 예외일 뿐이고, 대학을 졸업하고 내가 서울 시민으로서 삶을 시작한 이후 '킹콩의 서식지'라는 아파트의 이미지는 '제국'의 이미지로 확장, 업그레이드되었다. 제국? 거창하다 못해, 그야말로 '오바'스러운 말이지만, 아파트를 설명할 수 있는 여러 단어 중 '제국'이라는 말이 가장 적절해 보인다. 왜? 내게는 제국의 속성과 아파트의 속성이 일란성쌍둥이처럼 꼭 닮았다고 느껴지기 때문이다.

모든 제국의 속성이 그런 것처럼 제국은 언제나 팽창하는 것을 제 숙명으로 안다. 그 결과, 주변의 모든 것을 다 집어삼킨다. 그 팽창은 자신이 블랙홀이 되어 엄청난 중력으로 스스로 꺼져 내릴 때까지 멈추지 않는다. 흔히들 생각하는 것처럼 제국이 잔인한 힘만으로 세력을 넓히는 것은 아니다. 이민족에 대한 부드러운 회유와 포용 정책 또한 제국의 속성이다. 그리하여 아이러니하지만 이 제국에 한번 정복되고 나면, 제국의 신민이 된 자들은 자신이 제국의 일부인 것을 한없이 자랑스러워한다. 이런 의미에서 '제국'이라는 말은 이 땅의 아파트를 설명하기에 그야말로 딱 들어맞는 말이다.

어쩌면 먼 훗날, 20세기 중후반과 21세기 한국의 일상사를 연구하는 문화사가들은 현대 한국인을 아파트 거주민과 비아파트 거주민으로 나누어 고찰할지도 모른다. 미래의 역사가들은 아파트 거주 주민들을 집주인과 전세, 월세 주거자로 나누고, 다시 이를 지역과 평수에 따라 세밀하게 분류한 다음, 그들의 사고와 생활 행태를 면밀히 따져 보리라. 중세를 이야기하면서 마치 성안의 주민과 성 밖에서 살았던 주민들의 생활상을 비교하는 것처럼 말이다.

각설하고, 내가 아파트를 제국으로 파악하게 만든 사건은 신촌과 이대 사이에 걸쳐 있는 한 동네에서 일어났다. 다들 알겠지만 신촌에는 아파트 대신 화려한 모텔과 술집이 번성하고 있었다. 하지만 이렇게 술집과 모텔만 있을 것 같은 신촌의 뒤편에는 작은 골목길과 슬레이트 지붕이 끝없이 이어지는 어두컴컴한 동네가 있다. 무슨 도령, 어쩌구 선녀 하는 무당집 간판을 심심치 않게 볼 수 있는 동네. 그 동네의 작은 쌀집 맞은편, 깊은 계단 밑 작은 지하 방이 내 거처였다. 길고양이들이 자기 집 마당인양 어슬렁거리고, 가끔 골목길 틈새에서 등교 시간의 고등학생들이 모여 앉아 담배를 피워대는 그런 동네. 대한민국 서울의 중심부에 있으나 아직은 아파트 제국의 발톱에서 아슬아슬하게 벗어나 있는 곳. 그곳이 바로 내가 살던 곳이었다.

생각해 보면 길고양이들과 나는 운명공동체나 마찬가지였다. 길고양이에게도 거처를 허락하는 곳이기에 나에게도 좁은 방이나마 허락되었던 것이다. 비록 펌프가 고장 나면 하수가 역류해 방으로 밀려들어 오고, 스티로폼 한 장으로 나누어진 벽 너머로 옆집 백수 아저씨의 술 취한 욕설이 그대로 들려오는 곳이었으나, 내게 그 지하 방 한 칸은 커다란 축복이었다.

그렇게 1년 넘게 지하 방에서 어둠과 곰팡이에 잠겨 살다가, 빛이 드는 방을 찾아 같은 동네에 있는 이층집(인지 일 층 집인지 구분이 안 가는)으로 옮겼을 때, 동네에는 재개발 바람이 불기 시작했다. 어느 날 소문으로만 들리던 재개발 조합 설립을 축하하는 현수막이 붙었다. 동네 곳곳에 배우 이영애와 장진영의 포스터가 붙기 시작했다. 이영애를 모델로 쓰던 건설사와 장진영을 모델로 쓰던 건설사 사이에 치열한 경합이 벌어졌다.

동네 작은 쌀집은 건설사의 임시 사무소가 되었다. 어느 날 삼삼오오 무리를 지은 사람들이 파이팅을 외치며 그 쌀집, 아니 사무소에서 나왔다. 그들은 집주인들을 찾아다니기 시작했다. 물론 손에 여러 선물 꾸러미를 한가득 든 채로. 처음 골목에서 마주쳤을 때는 그들은 세입자인 내게도 만면에 미소를 머금고 정성껏 인사를 건넸다. 물론 그 미소는 집주인이 누구인지 파악되자 감쪽같이 사라졌다.

얼마 지나지 않아 두 회사의 지지자들은 서로를 비방하는 대자보를 담벼락에 붙였다. 길고양이들은 여전히 무심한 표정으로 대자보 아래를 거닐었다. 그렇게 이영애와 장진영이 벌이는 싸움이 한창 치열하게 전개되던 어느 날 아침 출근길, 시내버스 사이로 느닷없이 관광버스들이 나타났다. 관광버스가 멈추자 그 앞으로 미니스커트를 입은 치어리더들이 도열했다. 얼마 후 응원 도구를 손에 든 치어리더들 앞에 나름 한껏 차려입은 집주인들이 나타났다. 치어리더들이 응원 도구를 흔들며 환호성의 터널을 만들었고, 멋쩍은 듯 상기된 표정의 집주인들은 그 터널을 지나 관광버스를 타고 어디론가 떠났다. 치어리더들은 버스가 보이지 않을 때까지 손을 흔들었다.

저녁이 되었다. 무료한 표정으로 쪼그려 앉아 있던 치어리더들은 다시 두 줄로 도열해 웃음을 선사할 준비를 했다. 관광버스가 멈추어 서고 치어리더들은 응원 도구를 흔들며 터널을 만들었다. 아침과 달리 집주인들은 당연한 대접을 받는다는 듯 그 터널을 당당하게 걸어 나왔다. 좋은 구경했다고 하하호호거리며 나오는 집주인들의 모습과 치어리더들. 그리고 그밖에서 치어리더들을 관리하는 회사 직원들의 모습. 지나가면서 이 모든 것을 구경하는 행인들. 몹시도 어색한 연극 같았지만, 모두들 자신들이 맡은 역할에 만족하는 것 같았다. 아니, 만족하는 것이 아니라 흥분했다고나 할까.

그 연극을 보면서 나는 영화 속에서 봤던 로마제국의 개선 행진이 떠올랐다. 고대 로마든, 아프리카 오지의 부락이든, 현대 한국의 신촌이든 인간이 하는 행동은 언제나 반복되기 마련이다. 치어리더들이 팜팜을 흔들어대면서 만들어 낸 터널은 일종의 개선문이었다. 내가 난민촌이라고 불렀던 그 동네의 집주인들은 영광스럽게도 아파트 제국의 일원이 될 수 있는 자격을 얻었고, 치어리더들이 만든 개선문을 통과하면서 그 사실을 비로소 실감했을 것이다.

전쟁은 이영애의 승리로 끝났다. 재개발 조합에서 무슨 감투를 쓰게 된 욕쟁이 옆집 아저씨는 목에 잔뜩 힘을 주고 동네를 순시하러 다녔다. 추석과 설날에는 조합장 이름으로 고향에 잘 다녀오시라는 현수막이 붙었다. 조합장은 집주인들을 좀 더 '고급스러운' 아파트 제국의 일원으로 당당하게 입성시킨 지도자였기에, 명절 때마다 내거는 현수막을 통해 그 사실을 노골적으로 알리고 싶어 했다. 물론, 잘 다녀오시라는 말은 제국의 신민이 될 자격이 없는 나 같은 세입자들에게는 해당되지 않는 말이었다.

3. 카스트 또는 매트릭스, 그것도 아니면, 은하철도 999

시간이 흘러 나는 결혼을 하게 되었고, 운 좋게도 아파트 제국의 신민이 되었다. 비록 온전한 신민이 아니라 전세로 아파트에 살고 있는 3등 신민(적은 평수의 오래된 아파트, 거기에다 전세로 살고 있으니 4등, 5등 신민일 수도 있겠으나 복잡한 셈은 못하겠다. 이렇든 저렇든 3등 이하라 치자)이긴 하지만 말이다. 그리고 나는 이 오래된 아파트에서 딸을 얻었다.

처음 이곳으로 이사 온 지도 3년이 지났다. 그 사이 수풀이 우거져 있던 동네 황무지에는 거대한 아파트 단지가 들어섰다. 일렬횡대, 종대로 무표정하게 서 있는 내가 사는 아파트와는 달리, 새로운 아파트는 화려한 외양에 주민들을 위한 각종 편의 시설을 갖추고 있었다. 아파트 제국은 진화하고 있고, 그에 따라 제국 사회의 계급도 계속 분화되고 있는 것이 눈에 보였다. 새로 들어선 아파트 때문에 계급을 강등당하고 있다고 느꼈던지 내가 살고 있는 아파트 주민회는 특단의 조치를 내렸다. 여기저기 마구 금이 가기 시작한 아파트에 페인트를 다시 칠하고 외벽에다 큼지막하게 '성원 샹떼빌'이라는 이름을 써 넣은 것이다. 엘리베이터의 공고문은 언제나 '사랑하는 성원 샹떼빌 가족 여러분'이라는 인사말로 시작되었다. 이렇게 하여 내가 살고 있는 아파트의 주민들은 '유명 브랜드 아파트의 가족'이 되었다. 높은 계급장을 달지 못하자 부끄러운 계급장을 살짝 가려 주는 애교를 발휘했다고나 할까.

애교. 나는 애교라고 했다. 그러나 '성원 샹떼빌 가족 여러분'이라는 문구 뒤에는 절박함이 숨어 있다. 아파트 제국에서 계급은 냉혹한 현실이며, 그 현실 속에서는 처참하게 계급장을 까 보여야 하는 때가 많기 때문이다. 얼마 전 아내를 한 유명 대학 병원에 입원시키면서 나는 그 사실을 명확하게 깨달았다.

"입원을 시키시려면 보호자 분이 자기 집을 가지고 있거나, 집을 가진 다른 분의 보증이 필요합니다." 입원 수속을 담당한 병원 직원의 말이었다. 나는 그 말을 듣고 놀랐다. 그다음에는 분노했다. 그러나, 나는 직원에게 한마디 항의도 하지 않았다. 얼굴을 붉히지도 않았다. 병원 홈페이지에 항의하는 글을 올려야겠다는 생각을 하긴 했으나 금방 접었다. 대신 나는 입원 신청서를 조용히 받아 들고 응급실에 누워 있는 아내에게 그 말을 전했다. 아내는 내게 장모님의 이름과 처갓집의 주소를 불러 주었다. 주소를 받아쓰면서 나는 나와 아내의 모습에 놀라워했다. 우리 부부는 이제 아파트 제국의 계급을 너무나 자연스럽게 내면화하고 있었던 것이다.

요즘 매일 전셋값과 집값이 폭등한다는 뉴스를 듣는다. 그 뉴스는 우리 부부가 아파트 제국 내에서 계급 상승을 꾀하는 것이 불가능할 것이라고 말하고 있다. 그것은 아파트에서 나고 자라나 아파트가 일종의 매트릭스처럼 여겨질 내 딸에게도 마찬가지일 것이다. 결국 딸아이에게 아파트는 딸의 존재를 규정하는 카스트가 될 가능성이 크다. 괴롭지만, '네가 사는 곳이 네가 누구인지를 증명하는' 이 아파트 제국의 카스트 제도에서 우리 가족이 자유로워질 가능성은 무척 희미해 보인다.

여기까지 생각이 이르니 문득 진화생물학자 리처드 도킨스처럼 말하고 싶어진다. '이제 아파트는 인간을 위해 존재하지 않는다. 반대로 인간이 아파트를 위해 존재한다. 인간은 아파트라는 밈memes이 진화하기 위해 사용하는 일종의 숙주에 불과하다. 말하자면 아파트는 자신의 진화를 위해 인간을 지배하고 희생시킨다.'

가끔 지나가면서 부동산 사무실 창가에 붙어 있는 아파트값을 보게 될 때가 있다. 그럴 때마다 나는 지구에서 안드로메다 은하까지 거리를 가늠해 보는 것처럼 머릿속이 아득해진다.

과연 우리는 안드로메다에 갈 수 있을까? 이 매트릭스에서 벗어날 수 있을까? 아니면 이 미친 폭주 기관차에서 뛰어내릴 수 있을까? 오늘도 뉴스를 들으며, 아내와 나는 표를 잃어버린 은하철도 999의 메텔과 철이처럼 한없이 근심 어린 눈빛을 나눈다. 그러니까, 언제나 나를, 언제나 나를, 기다리는 너의 아파트는, 없는 것이다.

나의 자매들에게

0.

말言들은 언제나 미끄러진다고 한다. 말하는 대상에 닿으려 할수록 말들은 그 대상에 닿지 못하고 미끄러진다. 특히 세상을 떠나 버린 이를 붙잡기 위해 끌어모은 말들은 더욱 그렇다. 그의 부고를 전하는 메시지를 확인했을 때, 나는 그야말로 아무 생각이 없었다. 부음을 전하는 문장 속 주어 자리에 그의 이름이 들어가 있는 것이 너무나 낯설었기 때문이었다. 그러다 집으로 돌아가는 차 안에서 울먹이는 아내의 전화를 받았을 때, 갑자기 울컥거리는 목울대를 잠재우려 동승한 이들에게 쓸데없이 더운 날씨 타령만 해댔다. 지진을 처음 경험하는 이들도 이와 같으리라. 이상한 덜컹거림에 처음에는 '뭐지?' 하고 낯설어하다가 결국 집 안 서가의 책들이 와장창 무너지는 것을 목도하는 그런 느낌.

마음속 집 안의 가구들이 무너져 내리는 걸 보면서 그를 위해 말들을 끌어모으리라 생각했다. 그 말들이 결국 그와 그를 아는 이들, 그리고 그를 모르는 이들에게 가닿을 수 없을지라도. 비록 부질없는 애도의 방식일지라도.

1.

직장을 옮긴 지 2년, 어쩌다 보니 나는 전 직장을 '친정'으로 부르게 되었다. 당연히 전 직장의 동료들은 '친정 식구'가 되었다. 그리고 어쩌다 친정 식구들과 연락을 하게 될 때면 선배 '언니 선생님'의 안부를 묻게 되었다.

내가 전 직장을 친정으로 부르는 이유는, 그곳에서 친정 식구들이 10년 동안 나를 다른 사람으로 키워 냈기 때문일 것이다. 운 좋게 그런 친정의 일원이 되기 전까지 나는 어디로 이어지는 선분 하나 없는, 그냥 세상을 떠돌아다니는 조그마한 점이었다.

2.

그러니까 그는 친정과 나라는 희미한 점 사이에 자를 갖다 대고 줄을 그어 준 사람이었다. 그밖에는 또 무엇이 있나? 직장 생활 초기에 그가 다른 학교 사람들에게 나를 소개할 일이 있으면 그는 나를 '우리 학교 남자 선생님'이라고 소개했다. 남자가 한 명도 없는 직장이었기에 그건 당연한 것이었는지 모른다. 남자 선생님들이 몇 명 더 들어오고, 내가 같은 직장에 근무하는 아내와 결혼했을 때 나는 그에게 '우리 학교 선생님과 결혼한 남자 선생님'이 되었다. 여전히 나는 그에게 '남자' 선생님이었다. 그도 그럴 수밖에 없는 것이 10년 동안 근무하면서도 나는 그와 제대로 깊은 얘기를 나눌 기회가 없었다. 그는 그저 자신을 낮추는 온화한 상사였고 나는 능력은 없지만 기세등등하고 까칠한 '남자' 부하 직원이었다. 10년을 같이 지냈지만 뭔가 서먹한 사이.

그래도 그 까칠한 부하가 복도나 계단을 터벅터벅 걸어가고 있으면 그는 등 뒤에서 반가운 목소리로 "선생님" 하고 불렀다. 그리고 부하가 놀라 뒤를 돌아보면 씩 웃음을 지으며 조용히 지나갔다. 그는 그런 상사였다. 못난 부하를 재촉하지 않고 조용히 지켜보며 기다려 주는 상사.

이를테면 그는 남자들의 언어가 아닌 자매들의 언어를 사용하는 사람이었다.

3.
대학 신입생 시절이었다. 나는 대학 신입생답게 푸른 잔디밭에 앉아 푸르른 젊음의 낭만을 찾았지만 그런 낭만 같은 것은 없었다. 대신 남자 동기들과 바로 위 학번 선배들, 그리고 군대를 제대한 남자 선배들과의 '남학생 모임'이 있었다. 잔디

밭에 둥글게 둘러앉아 한가득 채워진 소주잔을 비우고는 머리 위로 컵을 털어 내는 의식이 진행됐다. 그리고 군대를 제대한 한 선배의 말이 엄숙하게 울려 퍼졌다.

"사회는 군대다. 학교도 군대고."

그것은 명령과 복종이라는 두 가지 코드(간혹 거기에 의리라는 가짜 인공 조미료를 뿌린)를 가진 남자들의 언어였다. 힘이 있으면 밟고, 힘이 없으면 엎드려라, 강한 척하고 약점은 보이지 마라, 등등의 용법을 가진 남자들의 언어. 글쎄다. 잘 모르겠다. 과연 이것을 남자들의 언어라고 부르는 것이 옳은 것인지. 여하튼 불쌍한 한국 남자들은 제대로 된 자신들의 언어를 가질 기회를 갖지 못했고, 그래서 후지고 후진 군대의 언어를 자신들의 언어로 입양했다고 치자.

어릴 적부터 그 언어에 적응하지 못했고 적응할 생각도 하지 않았던 나는 남자들의 언어를 사용하는 사람 보기를 돌같이 했다. 자연스럽게 나는 남자 후배들에게는 선배 취급도, 남자 선배들에게는 후배 취급도 받지 못하는 자발적 불가촉천민이 되었다.

4.

남자든 여자든 성별에 관계없이 나는 세상 사람들이 대부분 남자의 언어를 사용한다고 생각했던 것 같다. 아니 지금도 그렇게 생각한다. 그래서 나는 어디를 가든지 입을 꾹 다물고 있는 편이었다. 어쩌다 입을 열면 냉소가 가득한 분노의 말들만 쏟아 냈다. 나는 한마디로 사회화가 되지 않는 '독고다이'형 인간이었다. 영어 회화 시간에 강사에게 "I'm not a social being"을 읊어대던.

직장에 들어가기 전, 한국어 교사 생활을 했던 선배에게 들은 철칙이 있다. 학생들과 문제가 생겨도 절대 동료들에게 얘기하지 말 것. 그러면 너의 능력을 의심하고 뒤에서 그리고 앞에서 너를 비웃을 것이니. 그 선배가 전해 준 한국어 교사의 세계는 전형적으로 남자의 언어가 지배하는 세계였다. 등을 보이지 마라. 그러면 누군가 너의 등을 찌를 것이다.

그런데 내 첫 직장은 다른 언어들을 사용하는 사람들의 서식지였다. 남자의 언어가 아닌 자매들의 언어를 사용하는 사람들이 모여 있는 곳. 그렇다. 나는 그 언어를 자매들의 언어라고 부르고 싶다.

아는 사람은 알 것이다. 한국어 교사가 얼마나 고된 직업인지. 일주일에 20시간 이상 같은 학생들을 상대하고, 엄청난 수업 준비로 하루를 보내다 보면 입에서 단내가 나는 직업이라는 것을. 운이 좋으면 좋은 학생들을 만나지만 보통은 문제가 있는 학생들 때문에 수시로 마음을 다쳐야 하는 직업이라는 것을. 분필 하나로 먹고살 수 있는 직업이 아니라 막노동에 가까운 직업이라는 것을. 게다가 이 일은 다른 사람들과 같이 일을 하고 그 결과를 함께 공유하는 다른 일들과 달랐다. 교사는 홀로 학생들을 상대하며 문제를 해결해야 한다. 말하자면 한국어 교사는 몸은 함께 있지만 정신은 완벽하게 고립되기 좋은, 그런 직업이었다.

첫 직장의 사람들이 남자들의 언어를 사용하는 이들이었다면 나 또한 홀로 고립되었을 것이다. 첫 학기 내 수업에서 한 학생은 수시로 울면서 뛰쳐나갔고, 다른 학생은 작심했다는 듯이 내게 "선생이 학생 비위 맞춰야 하는 거 아니에요?"라고 따졌다. 또 다른 학생은 수업 중 나눠 주었던 유인물을 들고 "선생님 이 지문은 여기에, 그림은 이쪽에 넣으셔야죠"라고 훈계를 했다. 끊었던 담배를 다시 물기 시작했다. 수업 시작 전에 손을 덜덜 떨며 담배를 물었고, 수업이 끝난 후에도 손을 덜덜 떨며 담배를 물었다. 급기야 한쪽 눈의 실핏줄이 터졌다. 내가 선택한 이 길이 과연 맞는 길인가, 하루하루 고민하던 시기였다.

탈도 많고 문제도 많이 일으켰던 첫 학기, 선배들은 내게 네 탓이 아니라며 나를 다독여 줬다. 왜 내 탓이 아니겠는가. 자의식과잉에다가 할 줄 아는 것 없는 바보 같은 남자 신입 교사였지만 그들은 나를 비웃거나 평가하지 않았고, 그저 다독여 주었다. 그리고 그 덕에 나는 지옥 같았던 첫 학기를 겨우겨우 빠져나올 수 있었다.

5.

내가 직장에 들어가서 배정받은 자리는 706호 사무실의 한
가운데였다. 아침마다 동료들은 내 옆에 놓여 있는 서류장 위
에 자신들이 가져온 온갖 음식을 풀어 놓고 와자지껄 수다를
떨었다. 그 수다 속에서 고립은 생기지 않았다. 대신 음식과 수
업에 대한 이야기가 자유롭게 오갔다. 누가 시키지 않아도 선
생님들은 새로운 수업 아이디어를 공유하고 토론했다. 입사 동
기가 아니라 같은 급을 가르치는 선후배 선생님들끼리 더 막역
한 사이가 되던 시절이었다. 새로운 수업 방식들이 마법처럼
차곡차곡 쌓여 가는 것이 보였다. 명령과 복종이라는 남자들의
언어로는 불가능했을 일이었다. 그런 광경을 보면서 '아, 이런
조직도, 이런 공동체도 가능하구나' 경탄하며 어딘가에 글을
끄적였던 것이 지금도 기억난다.

그 수다 속에서 함께 떠들다가 어느덧 나는 선배들에게서
"완전 아줌마 같다"라는 말을 듣게 되었다. 어떤 이들에게는
아줌마 같다는 말이 가장 듣기 싫은 소리일지도 모르겠지만
나는 그 소리가 듣기 좋았다. 내게는 그 말이 '너도 이제 사람
이 됐구나'라는 말로 들렸기 때문이다. 한국 남자들은 군대를
다녀오면 사람이 됐다 또는 어른이 됐다고 말한다. 다시 말해

남자들의 언어를 익히면 어른이 되는 것이다. 하지만 나는 그 시절 706호에서 자매들의 언어를 익히고 다른 의미의 사람, 다른 의미의 어른이 됐다.

아줌마 같다는 말이 기분 좋았던 또 다른 이유는 남자인 내가 그들의 '자매'로 인정받은 것 같았기 때문이다. 같은 언어를 쓰는 사람들의 일원으로 받아들여졌다는 느낌.

6.

자매들의 언어가 사용되던 시기는 오래가지 못했다. 내 직장을 지배하는 더 큰 조직은 자매들의 언어를 이해하지 못했다. 남자들의 언어를 사용하라는 강요가 시작되었다. (아니 그런 강요는 이전부터 있었다.) 남자의 언어는 '합리'와 '효율', '경쟁력'이라는 이름을 하고 있었다. 남자의 언어를 사용하는 이는 자매들의 언어로 이루었던 많은 일들을 '주먹구구'라고 생각하는 것 같았다. 수업과 관련된 일들은 잘게 쪼개어졌다. 쪼개어진 일들에 대한 계획과 보고, 평가가 뒤따랐다. 100년 전 헨리 포드가 자동차를 찍어 내듯 생산하기 위해 만들었다는 그 공정이었다. 사람들은 대체 가능한 부품이 되었다. 자매들의 언어는 더 이상 사용되지 않았다. 당연히 마법도 더 이상 작동되지 않았다.

706호의 아침은 조용해졌다.

7.

나는 지금의 친정을 있게 한 많은 것들이 자매들의 언어를 사용하던 시기에 만들어진 것이라고 믿는다. 많은 사람들이 그를 그가 이루어 놓은 여러 가지 업적으로 기억하겠지만, 무엇보다도 나는 그를 자매들의 언어를 가능하게 한 사람으로 기억하고 싶다. 그는 군림할 수 있었지만 군림하지 않고 섬기려 했다. 명령할 수 있었지만 명령하지 않고 설득했다. 혼자 갈 수 있었지만 혼자 가지 않고 언제나 같이 가려 했다. 못난 사람도 내치지 않고 감싸 안으려 했다. 이런 태도야말로 아무나 가질 수 없는 것이다. 그리고 그런 그의 태도가 없었다면 자매들의 언어 또한 없었을 것이다. 자매들의 언어를 배우지 않았으면 지금의 나 또한 만들어지지 않았을 것이고.

남자의 언어를 사용하는 이들의 강요 아래에서, 자매의 언어가 무엇인지 모르는 이들의 압력 아래에서 그가 얼마나 힘겨웠을지 나는 짐작조차 되지 않는다.

이렇게 쓰고 보니 그가 왜 나를 '남자' 선생님이라고 소개했는지 알 것도 같다. 서글픈 일이지만 그는 나를 남자들의 언어만 사용하는 사람이라고 생각했던 것이 아닐까?

8.

급하게 찾아간 그의 장례식장에는 많은 동료들이 늦은 시간까지 자리를 지키고 있었다. 한 사람 한 사람 나의 손을 잡아주는 그들의 손길과 포옹 속에서 내가 느낀 것은, 직장 상사를 잃은 사람들이 아닌 자매를 잃은 사람들의 비애였다.

그들은, 나의 자매들이었다.

9.

선생님, 말들은 미끄러진다고 합니다. 제가 위에 길게 써 놓은 저 부질없는 말들도 결국 미끄러질 테지요. 하지만 나의 자매들이 선생님의 마지막을 지키면서 기원했던 말들은 미끄러지지 않고 선생님께 닿았으면 합니다. 선생님께 많이 배우고 선생님 덕분에 많이 자랐습니다. 그곳에서는 아무 걱정 없이 평안하시길. 선생님, 정말 감사했습니다.

한국이라는 '언어의 서식지'를 탐구하면서
내가 발견한 것들

내 연구실에는 그림이 하나 있다. 헤드폰을 끼고 음악을 듣고 있는 침팬지의 초상이다. 가끔 그 침팬지의 얼굴을 응시하며 나는 내가 무엇을 하는 사람인지 스스로에게 상기시키곤 한다. 그러고는 다음과 같이 되뇐다.

'나는 언어 자체를 연구하는 사람이 아니다. 나는 인간이란 영장류의 의사소통을 살펴보는 사람이다. 인간의 의사소통을 알기 위해서는 인간이 만든 사회라는 울창한 숲으로 걸어 들어가야 한다.'

강의실에서 언어와 사회의 관계에 대해서 설명할 때도 이 침팬지 그림을 이용한다. 영장류 학자 다리오 마에스트리피에리Dario Maestripieri(1964~)의 논의를 빌려 그 과정을 차례대로 설명하면 다음과 같다.

① 우리는 인간이다.

② 인간은 영장류의 일원이다. 저 잘생긴 침팬지처럼.

③ 대부분의 영장류는 몸에 털을 잔뜩 가지고 있다.

④ 영장류들은 털 손질하기라는 사회적 행위를 교환하며 그들의 사회를 구성한다.

⑤ 그런데 인간은 (손질할 정도의) 털이 없다.

⑥ 아, 어쩌지?

⑦ 걱정 마시라. 인간은 털 대신 '말'로 손질한다.

⑧ 고로, 말은 사회적 행위이다.

⑨ 인간은 털 손질하기만으로는 감당이 안 되는 거대하고 복잡한 사회를 '말'로 건설했다.

이렇게 긴 설명을 늘어놓은 후 나는 학생들에게 다시 한번 명토 박는다. "여러분이 친구에게 억울한 일을 당했다고 하소연하든 인터넷 공간에 뭘 먹고 누구를 만나고 어디를 갔는지 잔뜩 글로 풀어놓든 그것은 모두 어떤 사회적 행위를 하는 겁니다. 우리는 말하기 위해서 말을 하고 글을 쓰기 위해서 글을 쓰지 않아요. 여러분들이 언어에 대해 알고 싶다면, 언어 그 자체가 아닌, 사람들이 언어로 어떤 행위를 수행하는지를 관찰해야 합니다."

이 말을 이해시키는 것은 매우 어렵다. 우리에게 언어는 어떤 고정된 실체, 온갖 불순물들이 제거된 순수한 결정체처럼 느껴지기 때문이다. 반짝반짝 빛나는 큐빅들이 열과 행을 맞춰 가지런히 정렬되어 있는 모습. 이런 언어의 이미지는 수시로 '표준' '국가' '민족' 등의 단어와 결합된다. 그리하여 언어는 숭고한 대상, 아끼고 가꾸고 지켜야 하는 것이 된다.

그러나 순수한 언어란 존재하지 않는다. 반복하지만 말하기, 글쓰기는 인간이 수행하는 사회적 행위이다. 이런 사회적 행위는 특정한 맥락에서 만들어지는 복잡다단하고 때로는 엉망진창인 관계를 바탕으로 한다. 그러니 언어에서 '관계'를 제거하고 순도 높은 결정체를 추출하는 것은 불가능하다. 사람들 간의 관계, 사람들이 세상과 맺는 관계, 그 모든 관계 사이에 언어가 있고, 그런 언어의 모습은 네모반듯하지 않고 언제나 울퉁불퉁하다.

언어가 울퉁불퉁한 이유는 언어를 만드는 관계가 언제나 유동적이기 때문이다. 끊임없이 변하는 관계 속에서 말들의 의미는 고정되지 못하고 언제나 유예된다. 여기에 실린 글들은 그렇게 유예되고 미끄러지는 말들의 의미를 기어코 붙잡아, 그 말들이 숨기고 있는 관계들을 들여다보려는 시도다.

◆

이 책은 2020년 2월부터 한국일보에 〈언어의 서식지〉라는 제목으로 기고하고 있는 칼럼, 다른 매체에 쓴 글들, 논문, 에세이, 추도문 등을 함께 묶은 것이다. 이 책에서 가장 큰 비중을 차지하고 있는 〈언어의 서식지〉는 내 첫 번째 책의 편집자였던 하선정 선생님이 새 칼럼 필진을 찾던 한국일보에 나를 추천하면서 시작되었다. 처음 칼럼 기고를 제안받았을 때 들었던 생각은 이런 것이었다.

'나 따위가 뭐라고 세상에 대해 이러쿵저러쿵 이야기를 늘어놓나?'

이런 마음은 칼럼들을 모아 책을 내는 지금도 여전하다. 세상에는 단단하고 아름다운 글들이 많다. 오늘도 나는 탁월한 식견과 지혜로 쓰인 글, 자신의 삶을 녹여 낸 글들을 감탄하며 읽는다. 이런 범접하지 못할 글들 옆에 세상 물정 모르는 어리석은 서생의 글을 덧붙일 생각을 하니 식은땀이 났다. 고민 끝에 결국 '내가 할 수 있는 이야기를 하자, 그런데 너무 막막하구나, 어떻게든 되겠지, 그렇지만 다른 사람이 읽고 싶어 하는 글이 아닌, 내가 읽고 싶은 글을 쓰자'를 혼합한 마음으로 칼럼을 쓰기 시작했다. 이 혼돈의 무한 루틴은 칼럼을 쓰기 시작한 지 2년이 넘는 지금도 계속되고 있다.

'내가 읽고 싶은 글을 내가 스스로 쓴다.' 이 목표는 아직까지 달성되지 못했다. 하지만, 세상을 향한 글쓰기는 한국 사회라는 언어의 서식지를 탐구할 좋은 기회이기도 했다. 그런데 안타깝게도 한국 사회라는 언어의 서식지에서 내가 가장 많이 관찰한 것은 혐오와 차별, 억압의 말들이었다. 이는 칼럼을 쓰기 시작한 시점이 코로나19가 본격화되던 시기라는 것과도 관련이 있을 터이다. 팬데믹의 공포가 사회를 덮쳐 오자 숨겨져 있던 혐오와 차별의 말들이 상식으로 포장되어 당당하게 머리를 쳐들기 시작했다. 그렇게 공통의 감각이 와해되는 풍경은 충격이었다. 더 충격이었던 것은 그런 풍경을 덤덤한 일상으로 받아들이는 모습들이었다.

상식의 말들을 의심하는 내용으로 칼럼을 채웠던 건, 이런 까닭이었다.

◆

내가 이야기를 쓴 것이 아니라, 이야기가 나를 찾아왔다고 느끼는 경우가 있다. '에필로그'로 실린 〈나의 자매들에게〉라는 글이 그렇다. 이 글은 본래 전 직장의 상사였던 故김성희 선생님에 대한 개인적인 추도문으로 쓰인 글이다. 한편 이 글은 짧게 존재했던, 하지만 내가 분명히 속했었던 환대의 공동체에 대한 기억이자, 글쓰기를 그만둔 내가 다시 글을 쓰도록 만들어 준 글이기도 하다.

　쓰지 않으면 안 될 것 같다는, 쓸 수밖에 없다는 생각에 쓴 글. 이 글을 쓰면서 나는 나란 사람과 내가 속한 공동체에 대해 다시 생각해 보게 되었다. 그렇게 나는 글쓰기를 삶을 발견하는 도구로 새롭게 인식하게 되었다. 그러니까 글 쓰는 인간으로서 나는 〈나의 자매들에게〉를 쓰기 이전과 이후로 나뉜다. '미끄러지는 말들' '언어의 서식지'라는 제목 또한 모두 이 글 속에 쓰인 표현에서 나왔다. 어떻게 보면 〈나의 자매들에게〉는 에필로그인 동시에 이 책에 실린 글들의 시원인 셈이다. 이것이 개인적인 추도의 글을 책의 한 꼭지에, 그것도 에필로그에 넣은 이유이다. 무엇보다도 〈나의 자매들에게〉는 이 책을 읽고 혐오와 차별 대신 조용히 연대의 손을 잡을 이들에게 보내는 은밀한 서신이다. 나는 이 글이 그렇게 읽혔으면 한다.

◆

　이 책이 나오기까지 많은 분들께서 도움을 주셨다. 먼저 내게 사회언어학이라는 학문을 가르쳐 주신 스승이자, 〈보이지 않는 도시〉에서 K선생으로 등장하는 김하수 선생님께 감사드린다. 내가 언어와 사회를 바라보는 '삐딱한 시선'은 대부분 스승에게 물려받은 것이다. 같은 칼럼에서 L선생으로 불렸던 전남대학교 국어국문학과의 임환모 선생님께도 감사의 마음을 표한다. 서로 일면식도 없는 두 분의 이야기가 하나로 연결되고 있음을 발견했을 때의 전율은 지금도 잊을 수가 없다. 그 이야기들을 짧은 칼럼 안에 다 담을 수 없었던 것은 큰 아쉬움이다. 〈1956년 5월 18일, 맑음〉이라는 글을 쓸 수 있도록 일기를 공개해 주신 양신하 선생님, 4·3과 양신하 선생님의 사연에 대해 많은 조언을 해 준 친구 좌성한에게도 감사의 마음을 전한다. 두 분과의 작업은 내게 4·3을 구체적인 삶 속에서 살펴볼 수 있도록 해 주었다. 내게 자매애를 가르쳐주신 故김성희 선생님과 서강대 한국어교육원의 자매들에게도 감사의 말씀을 드리고 싶다.

한국일보에 칼럼을 쓰도록 추천해 주고 격려해 준 하선정 선생님께도 고마움을 표한다. 초보 칼럼니스트의 어리숙함과 과격함을 인내해 준 한국일보의 관계자분들께도 감사드린다. 모르긴 몰라도 초보가 사고를 치지 않을까 조마조마하셨을 것 같다. 특히 내 칼럼을 담당한 고선영 선생님께서 가끔씩 던져주신 응원의 말씀은 자신감을 상실한 초보 칼럼 필자에게 큰 힘이 되었다. 글을 올리면 피드백과 격려를 해 준 페이스북 친구들에게도 고마운 마음을 전한다. 특히 후배 황진영의 적극적인 피드백은 내 글이 어떻게 읽히는지를 깨닫게 해 주었다. 무엇보다도 글을 쓰고 난 후 자존감이 바닥을 칠 때 페이스북 친구들의 작은 격려는 나를 바닥에서 일으켜 세웠다.

이 책은 〈타인의사유〉 김순란 편집자님의 출간 제안으로부터 시작되었다. 무명의 저자를 믿고 책이 무사히 나오도록 잘 이끌어 주신 편집자님께 깊은 감사의 마음을 전한다. 두서없는 원고들을 다듬어 온전한 모양새를 갖추도록 해 주신 김사라 편집자님께도 죄송함과 감사함을 표시하고 싶다.

내게 첫 번째 언어를 주신 제주도의 부모님들께 감사드린다. 두 분이 주신 첫 번째 언어는 내 정신의 일부이자, 두고두고 내가 탐구해야 할 대상이다. 사위가 밤늦은 시간까지 깨어 있는 것을 걱정하시던 부평의 부모님들께도 감사의 마음을 전한다. 두 분 역시 내게 새로운 가족의 언어를 가르쳐 주셨다.

같은 공간에서 나의 글쓰기 과정을 '견뎌 준' 가족들의 도움 없이는 이 책을 완성시키기 어려웠을 것이다. 먼저 아들 재우는 때로 글의 소재가 되기도 하고, 글을 쓸 때 영감을 주기도 했다. 이 책에서 '우주'나 마블 영화에 대한 이야기가 나온다면 모두 재우의 영향이다. 다음으로 딸 이현. 이현은 내가 글을 쓸 때 상정해 놓은 '이상적인 독자'이다. 이현은 잘 읽히는 글인지 아닌지를 '쿨'하게 판정해 주었다. 딸이 내 글을 읽고 "뭐, 괜찮네"라고 말할 때면 나는 속으로 쾌재를 불렀다. 그리고 생의 반려 서유경. 내 글의 첫 번째 독자이자, 마지막 검토자. 유경은 따뜻한 지지자와 냉철한 비평가의 역할을 번갈아

수행하며 말 그대로 나의 글쓰기와 함께했다. 이 세 사람에게
는 고맙고, 고맙고, 또 고마운 마음을 담아 보낸다.

마지막으로 지금까지 이 책을 읽으며 언어의 서식지를 함
께 걸어 주신 독자분들께 감사의 말씀을 드린다. 부디 즐거우
셨기를.

미끄러지는 말들

1판 1쇄 발행	2022년 4월 30일
1판 3쇄 발행	2024년 6월 28일

지은이	백승주

발행인	황민호
본부장	박정훈
기획편집	강경양 이예린
마케팅	조안나 이유진 이나경
국제판권	이주은
제작	최택순

발행처	대원씨아이(주)
주소	서울특별시 용산구 한강대로15길 9-12
전화	(02)2071-2019
팩스	(02)749-2105
등록	제3-563호
등록일자	1992년 5월 11일

ISBN	979-11-6894-957-7 03700